T0317831

HELIOPOLIS 21

HELIOPOLIS 21

**Architettura:
tra natura e artificio**

**Architecture:
between nature and artifact**

a cura di/edited by
Maria Perbellini e/and Christian Pongratz

SKIRA

Le pagine che seguono, chiamate a raccontare il perché e il come della progettualità di Heliopolis 21, consegnano al lettore una visione che muove da ciò che non è umano: l'ambiente che ci circonda, il paesaggio, l'energia, il suolo, le cose, in modo da andare oltre le stesse, nel tentativo di emancipare l'umano. Emanciparlo da cosa o da chi? Da se stesso. Liberandolo da finti bisogni, da diversità simboliche, da tutto ciò che lo oppone alla natura. Questa transizione avviene al bivio tra la storia di ciò che è stato e l'innovazione che sarà, tra richiami ancestrali e rinnovamenti della morfologia costruttiva.

L'uomo non è solo, vive in continua relazione con l'altro, con quanto anima la realtà e con l'inanimato. L'utilità non è quindi progettare uno spazio per l'umano, ma costruire una dimensione dell'essere, tracciando un'evoluzione della condizione dell'uomo. Il Polo della Memoria San Rossore 1938, commissionato dall'Università di Pisa, il Centro polifunzionale di Peccioli, l'Ospedale di Neuropsichiatria Infantile Stella Maris sono segni capaci di portare equilibrio, perché ambiscono a restituirci al *nomos* della terra, perché appianano le contraddizioni, perché uniscono inventando nuovi spazi che sanno porsi in continuità con la Comunità.

In questo modo l'Architettura diventa un tessuto connettivo, capace di imitare la natura, come nel nuovo Polo scolastico di Caraglio o nel Polo fieristico di Riva del Garda; diventa un processo cognitivo, aperto al sapere, in grado di adattare l'esistente a ospitare il postumano, che diventa il tutto: non più solo l'uomo che domina e distrugge. Diventa l'Architettura della cura e del rispetto: un'architettura di Comunità, dove tutto e tutti si specchiano e si ritrovano. È un processo dinamico di conoscenza continua, di apprendimento, tra passato e futuro, che sa ricongiungere l'uomo alla complessità e pervasività dell'ambiente che lo circonda. È apertura e ibridazione a ciò che sta oltre l'uomo, siano ecosistemi naturali o artificiali.

I progetti illustrati e i saggi esposti nel libro raccontano di uno sconfinamento tra vecchio e nuovo, tra naturale, artificiale e tecnologico. È come se l'Architettura prendesse le distanze dalla teoria evoluzionista e si concentrasse sull'errore: l'evoluzione della specie sulla terra è infatti anche la storia di tanti errori che si possono correggere, mitigare e superare grazie alla ricerca che sappia divenire forza modificativa. Fare Architettura assume allora una spinta etica, vocata a sanare l'errore, sperimentando l'artefatto tecnologico per ricongiungerci alla natura. È una propulsione che vuole rompere con il passato. Non si tratta quindi di ripristinare un paradiso perduto, ma di trovarne uno nuovo, ancora ignoto. Non si tratta di affidarsi alla passività, attendendo che il mondo naturale si riappropri del sottratto, ma di costruire sulle antinomie, per creare nuove prossimità e comunioni, animando la Comunità.

Questi mutamenti, nel registrare il divenire, generano stupore in chi ne è spettatore. L'abilità dei visionari, come i progettisti di Heliopolis 21, è di non evitare di poggiare lo sguardo, né di limitarsi a vedere il percepito, ma immaginare quello che può essere.

Michela Passalacqua
Università di Pisa, Prorettrice agli affari giuridici

Ogni buon amministratore aspira a essere riconosciuto come tale, per aver contribuito fattivamente al benessere della propria comunità, alla sua crescita economica, culturale e sociale.

Ogni buon amministratore che disponga degli strumenti per poter adempiere, in tal modo, alla propria funzione coinvolge in questo obiettivo le professionalità più capaci, le menti più interessanti perché è attraverso queste professionalità, queste menti, che si concretizza il fine della buona amministrazione.

Gli interventi di Heliopolis 21 dimostrano che questa sinergia tra professionalità e amministrazione pubblica, ma anche privata, può produrre "buona architettura" quale strumento di sviluppo del territorio: edifici universitari, centri culturali, piazze come luoghi di aggregazione e rivitalizzazione sono solo alcuni dei campi nei quali lo studio H21 ha offerto spunti di interesse e di confronto.

Nel Comune di Peccioli, gli architetti di Heliopolis 21 hanno realizzato alcuni interventi che si sono caratterizzati soprattutto per qualità e rispetto delle preesistenze senza però rinunciare a inserire elementi di innovazione utili a rendere un'architettura non solo "nuova" ma anche, appunto, "innovativa".

Lungo la direttrice che da Volterra conduce a Pisa, un edificio rurale di impianto ottocentesco, ridotto in stato di rudere, è stato ricostruito seguendo i principi del restauro contemporaneo, introducendo parallelamente le più moderne tecnologie costruttive. Da queste preesistenze è nato il nuovo Centro Culturale di Fonte Mazzola per ospitare sale per eventi, conferenze e piccoli concerti, oltre ad una grande sala ristoro. L'edificio è stato progettato per integrare le funzioni dell'adiacente Teatro all'aperto di Fonte Mazzola, che ormai da molti anni ospita cicli di eventi e rappresentazioni culturali, di interesse nazionale.

Nel progetto del Collegamento pedonale dal Centro storico alle Aree dei Servizi pubblici lungo viale Gramsci, lo studio H21 si è invece cimentato in quel lavoro di ricucitura tra centro e periferia che è un tema cruciale per lo sviluppo di molti centri urbani. Ebbene anche qui si riscontra quella sensibilità, nell'affrontare un tema così cruciale, che si declina nella consapevolezza che sia necessario non solo possedere gli strumenti tecnici per affrontare le emergenze proponendo adeguate soluzioni ma anche, e soprattutto, avere la sensibilità di poterne prevedere l'impatto sulle future generazioni modificando, migliorandola, la qualità della vita degli abitanti attraverso una rigenerazione positiva del tessuto urbano.

La parte pubblica che si trova a confrontarsi con questo linguaggio, il linguaggio dell'architettura, non può esimersi dal valutarne l'utilità in rapporto alla capacità di individuare soluzioni e strumenti per migliorare la qualità della vita dei propri concittadini.

Heliopolis 21 ha dimostrato, nelle esperienze sul nostro territorio, di aver compreso tale importante e direi fondamentale ruolo "sociale" dell'Architetto.

Renzo Macelloni
Sindaco Comune di Peccioli, Pisa

SOMMARIO/CONTENTS

ARCHITETTURE
ARCHITECTURES

POSTFAZIONE
AFTERWORD

Maria Perbellini
Christian Pongratz

Introduzione

Nel ripercorrere l'opera di Heliopolis 21, fondato dai due fratelli Alessandro e Gian Luigi Melis, è opportuno descrivere innanzitutto il quadro concettuale che sottende una così vasta e apparentemente disorganica gamma di interventi in modo che sia chiaro al lettore quanto invece siano tutti interconnessi sul piano della ricerca, della pratica e del lavoro collaborativo.

Alessandro Melis ci ha descritto il criterio con cui lo studio ordina i propri progetti: dalla *dimensione operativa*, con lo studio di architettura, alla *dimensione tattica*, con la rigenerazione urbana, alla *sperimentazione radicale*, con la ricerca basata sui percorsi professionali, fino ai *disegni radicali* e alle *collaborazioni progettuali*. Come curatori, nell'ottica di creare un'organizzazione sequenziale utile e chiara, preferiamo cambiare l'ordine e mettere i disegni all'inizio di tutto, pensando alla linea, che mettiamo al primo posto, come un'estensione di idee, più o meno radicali, scoprendo gradualmente come essa si relazioni alla ricerca o alla sperimentazione, alla dimensione tattica, a quella operativa e, ove possibile, alle collaborazioni riuscendo a coinvolgere la dimensione sociale e l'impatto sulla comunità.

Nel percorrere questa strada, e in particolare riflettendo sulla nostra esperienza, quando abbiamo iniziato a lavorare a New York negli anni '90, in un periodo in cui l'architettura intorno a noi era profondamente concentrata sulla teoria più che sulla pratica, tali considerazioni costituiscono un punto di vista importante attraverso il quale valutare il lavoro di progettazione. Guardando indietro, ai capisaldi della critica architettonica come Koolhaas, Eisenman, Tschumi o Libeskind, in loro erano dominanti e presenti le teorie del linguaggio, e il tentativo di inscrivere nel loro lavoro i pressanti cambiamenti sociali e culturali in atto. Eppure si profilava all'orizzonte una nuova generazione di "paperless studio" sperimentali rappresentata da professionisti allora emergenti come Jesse Reiser e Nanako Umemoto, Hani Rashid e Lise Anne Couture di Asymptote, Greg Lynn e Stan Allen, che, nel nostro libro

"Natural born CaaDesigners"[1], abbiamo immaginato tra i protagonisti della rivoluzione IT nelle *architecture series*. Costoro hanno aperto la strada a considerazioni su come il disegno in digitale permettesse una nuova astrazione, in parte diagrammatica e in parte associata al concetto deleuziano di materia, proiettata nello spazio attraverso algoritmi computazionali.

Disegni radicali

Guidati da queste riminescenze, e osservando alcuni degli schizzi di Heliopolis 21, affiorano in noi molte associazioni di idee ed immagini, che evocano i disegni che caratterizzavano quel periodo a New York, manifestazione di forza creativa, e non possiamo fare a meno di associare l'espressione eloquente degli schizzi all'opera di Lebbeus Woods[2]. Artista e brillante insegnante alla Cooper Union e non solo, Woods ha deciso a un certo punto di lasciar andare le convenzioni architettoniche e i vincoli costruttivi, e concentrarsi sulla teoria e sulla ricerca per immaginare i luoghi attraverso disegni utopici e visioni provocatorie. Molti dei suoi modelli sperimentali e dei bellissimi rendering riposizionano l'architettura come risposta critica alle sfide politiche e socio-culturali del momento. Esempi di ciò sono le visioni che riguardavano la DMZ, l'area demilitarizzata di confine tra Corea del Nord e Corea del Sud, la riorganizzazione di alcune situazioni urbane a Cuba attraverso modelli che chiamava "spazio libero" o "frammenti urbani interconnessi" e il riposizionamento delle persone, nella città divisa di Berlino, con le nuove comunità sotterranee, le "Berlin Freezones"[3].

Heliopolis 21 considera l'architettura a un bivio: è necessario un nuovo approccio radicale e attivo per aumentare la consapevolezza nei confronti della crisi del nostro tempo e delle importanti questioni climatiche, e sviluppare strategie per costruire la resilienza della comunità, utilizzando i disegni di architettura come mezzo di comunicazione capace di evocare emozioni forti e tratteggiare realtà sconcertanti.

Il team di Heliopolis 21 sembra aver fatto tesoro delle visioni utopiche di Lebbeus Woods e nell'installazione del *Cyberwall* alla 17a Mostra Internazionale di Architettura 2021 alla Biennale di Venezia, grandi

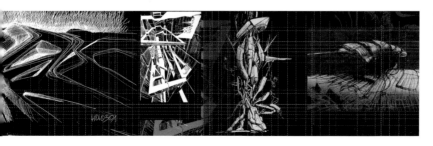

Cyberwall, 17a Biennale di Architettura di Venezia, 2021

Cyberwall, *17th Venice International Architecture Exhibition, 2021* segmenti di parete esibiscono i disegni di Alessandro riprodotti su materiali di rivestimento eco-attivi. Qui essi suggeriscono scenari di disastri post-climatici che preparano alle sezioni successive della mostra, caratterizzate da immaginari che spaziano dalle proiezioni apocalittiche, alla pop art manga e che intersecano molte altre forme d'arte: videogiochi, film e musica. L'idea che merita un plauso, è l'intenzione di ispirare e contaminare nuovi discorsi in architettura verso un cambiamento significativo perseguibile attraverso il pensiero associativo, e di incoraggiare una pratica profondamente radicata nei processi di progettazione.

Sperimentazione radicale

Il team di Heliopolis 21 usa strategicamente l'opportunità del Padiglione Italia alla Biennale di Architettura 2021 e interpreta l'*exhibition design* attraverso gli approcci sperimentali e polifonici delle arti creative e della pop art come mezzo di rottura per rivolgersi al grande pubblico. La nozione di "radicale" si riferisce alle possibilità di innovazione date da una pratica transdisciplinare, che amplifichi l'importanza della ricerca evidenziando la cooperazione dell'artigianato con l'industria e dell'insieme di conoscenze che si rendono necessarie per potenziare questa rinnovata sinergia finalizzata a rispondere alle sfide globali.

Il progetto per la Biennale di Architettura 2021 nel Padiglione Italia dedicato al tema delle "Comunità Resilienti", è una dimostrazione dell'applicazione dei principi del *design circolare* in quanto promuove un basso impatto ambientale attraverso il riutilizzo della maggior parte dei componenti della mostra della Biennale d'Arte 2019 curata da Milovan Farronato. La mostra in se stessa, comunica così in modo diretto e immediato al pubblico più ampio la responsabilità di agire e contribuire concretamente.

Alcune delle opere esposte mettono al centro della loro narrazione temi quali la crisi ambientale che impatta sul nostro vissuto e influenza la salute di tutti, o le dipendenze intrinseche all'interno del sistema cibo-energia-acqua o le disparità a livello globale nell'accesso a una dieta alimentare sana e di qualità come risultato di una produzione agricola globalizzata. L'intenzione di fondo dei curatori è ragionare sulla città italiana, presentata come un possibile modello di città ideale compatta ed ecologica. Potrà ser-

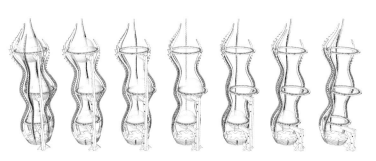

Installazione curatoriale
Spandrel, 17a Biennale di Architettura di Venezia, 2021

Spandrel, *installation, 17th Venice International Architecture Exhibition, 2021*

vire a promuovere il cambiamento? Potrà spingere ulteriormente la ricerca transdisciplinare nell'affrontare le questioni climatiche globali e portare a una riflessione più profonda sui processi naturali e sulla creatività come elementi imprescindibili per accrescere e sostenere la resilienza della comunità?

Oltre ad altre installazioni esemplari, che insieme formano una "specie" con diversi discendenti, come *Spandrel* o *Genoma*, spicca l'ibrido morfologico *Borboletta*, dove il disegno e il concept si traducono in provocazione sperimentale costruita. Sulla strada per Venezia, diverse versioni, "microspecie", sono state testate ed esposte, a partire da Buenos Aires, Pisa, Miami fino a evolversi in un laboratorio vivente mobile per la Biennale, un habitat per sfere di api e muffe melmose, ospitato in un prototipo che nasce dalla ricerca di diversi team, dalle esplorazioni sulla fabbricazione digitale fino a quelle sulla sensorialità sonora. *Borboletta* può essere intesa come una critica verso la mancanza di risposte da parte della nostra società al disastro climatico, ormai fin troppo evidente, che impatta sulla biodiversità. Una critica che ha reso il design di Heliopolis 21 totemico, ottenendo due obiettivi: mettere in mostra la simbiosi tra artefatto e natura, e indicare un possibile futuro in cui gli habitat umani e le biosfere si fondono in un più ampio ecosistema reattivo.

Laboratorio Borboletta, 17a Biennale di Architettura di Venezia, 2021

Borboletta Series, 17th Venice International Architecture Exhibition, 2021

Dimensione tattica

Il termine, coniato da Heliopolis 21, "dimensione tattica", e le suggestioni che richiama, risulta essere uno splendido e fertile terreno se utilizzato in riferimento al disegno, soprattutto se quest'ultimo è affrontato attraverso il diagramma generativo, e in particolare quando applicato al progetto del tessuto urbano. Pensiamo ai primi lavori di Tschumi e Koolhaas e alle loro proposte di concorso per il Parc de la Villette, dove i due architetti hanno giocato strategicamente con le sovrapposizioni applicando strati di punti, linee e piani che a loro volta hanno creato complesse e ambigue letture e

Camminare nella storia, Sezione via Mazzini – via Alessi, Perugia, 2010

Camminare nella storia [Walking through History], *sectional drawing Via Mazzini to Via Alessi, Perugia, 2010*

fornito spazi scenografici per un attivismo flessibile e programmato che include l'interazione sociale. Questo processo ha sviluppato anche una capacità di trasformazione attraverso nuovi modelli organizzativi, che potrebbero essere definiti secondo l'interpretazione che David Mah ha dato del design associativo. Egli sostiene che "la progettazione associativa consente la costruzione di relazioni tra geometria, forma e organizzazione con variabili e parametri che possono essere utilizzati per costruire o aumentare la loro disposizione in assemblaggi materiali"[4].

Case_*Perugia / Camminare nella storia*

Il progetto per Perugia, intitolato *Camminare nella storia*, fornisce un ottimo esempio del modo in cui vengono collegate le prime idee dei disegni radicali alla sperimentazione su stratificazioni geologiche, strati urbani storici e scavi archeologici che hanno portato a soluzioni progettuali ingegnose sviluppate in collaborazione con Coop Himmelb(l)au.

Il progetto riesce, tatticamente, a dotare di nuove funzionalità aree di importanza storica, fornisce l'accesso a una galleria archeologica e stabilisce nuovi collegamenti di mobilità che trasformano diversi livelli e sezioni della città in uno spazio urbano caratterizzato dalla connettività. È importante notare il risultato visivamente più estremo del progetto, poiché materializza il disegno come una disposizione spaziale provocatoria e ricorda i progetti di Woods, come quello per la Zagreb Free Zone. Il progetto trova la sua più forte affermazione urbana nella forma della struttura 'a baldacchino', che si estende tra le gronde di due edifici contrapposti e suggerisce la trasformazione di uno spazio pubblico in una stanza urbana.

Case_*Riva del Garda*

Nel perseguire una più ampia trasformazione urbana, le proposte progettuali del Palasport, dello spazio per spettacoli e dello spazio espositivo, frut-

Polo fieristico e nuovo
Palasport, Riva del Garda,
Trento, 2014-2016: tettonica

*Exhibition Center and
New Sports Hall, Riva del
Garda, Trento, 2014-2016:
geological tectonics*

Polo fieristico e nuovo
Palasport, Riva del Garda,
Trento, 2014-2016

*Exhibition Center and New
Sports Hall, Riva del Garda,
Trento, 2014-2016*

Collegamento meccanizzato
e pedonale tra il centro
storico e la periferia del
paese, Peccioli – Concorso,
2019: disegno

*Mechanized and pedestrian
connection between
the historic center and
the outskirts of the town,
Peccioli – Competition,
2019: drawing*

to di un concorso di progettazione vinto, si inseriscono come manovra tattica nel tessuto cittadino di Riva, sul Lago di Garda. La resilienza in questo caso deriva da molteplici parametri, come il riutilizzo di edifici esistenti e una programmazione mirata tesa a dare energia e rigenerare un distretto più grande, noto come Trentino Baltera, nel Nord Italia.

Stan Allen si riferisce alla forma geologica come a un'accanita generatrice di linguaggi architettonici pensando alle forme cristalline o alle placche tettoniche. Sostiene che "la forma geologica non rifiuta la complessità formale o operativa"[5]. Heliopolis 21 nella sua soluzione progettuale predilige forme costruttive sfaccettate, esacerbate ulteriormente dall'involucro "ripegato", ad alte prestazioni, e dal rivestimento in metallo. Queste strategie formali sono una risposta diretta alla lettura che Heliopolis 21 fa del contesto e al suo disegno che recepisce lo scenario circostante costituito dalle formazioni montuose alpine adiacenti al Lago di Garda.

Lo studio di Heliopolis 21 mostra in diversi progetti un appassionato interesse per situazioni infrastrutturali urbane impegnative che si presenta e genera soluzioni strategiche uniche, dove progetti come quello di Peccioli sembrano essere la continuazione di un lavoro iniziato in altre aree, come a Perugia. Infatti, il progetto per il nuovo collegamento pedonale dal centro storico a viale Gramsci a Peccioli connette diverse funzioni all'interno del tessuto urbano e ripensa le infrastrutture e la mobilità. Partendo da un'idea originale per collegare aree urbane a diversi livelli, le idee sulla mobilità hanno ampliato la loro portata fino a includere i simboli dell'identità comunitaria e gli spazi pubblici.

Alcuni dei punti nodali della proposta progettuale, illustrati nel disegno riprodotto in questa pagina, ampliano il repertorio tecnologico dello studio e integrano ulteriori aspetti di progettazione climatica responsiva, come i pannelli fotovoltaici, esempio del forte interesse verso strategie di *responsive climate design*.

Dimensione operativa

Riflettendo sul percorso che ha portato dal disegno radicale alla sperimentazione radicale fino alle realizzazioni, sorge una domanda: quale ruolo gioca in particolare il disegno nel lavoro quotidiano di Heliopolis 21 e come agisce per gradi sul loro impegno verso un cambiamento rilevante? In particolare quando e come diventa operativo e influenza la pratica dello Studio?

Case_*Ospedale Stella Maris*

Nella progettazione di ambienti per la cura, come il progetto per Stella Maris, entrano in gioco molti vincoli dettati *dall'*Evidence-Based Design. Eppure il progetto non prescinde da valutazioni consapevoli riguardo al clima e

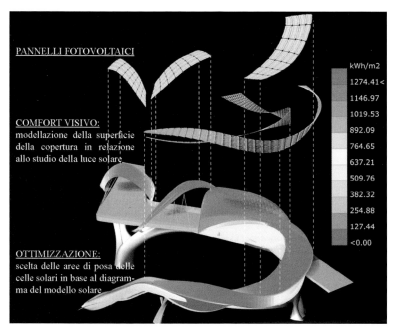

PANNELLI FOTOVOLTAICI

COMFORT VISIVO:
modellazione della superficie della copertura in relazione allo studio della luce solare

OTTIMIZZAZIONE:
scelta delle aree di posa delle celle solari in base al diagramma del modello solare

kWh/m2
1274.41<
1146.97
1019.53
892.09
764.65
637.21
509.76
382.32
254.88
127.44
<0.00

Collegamento meccanizzato e pedonale tra il centro storico e la periferia del paese, Peccioli – Concorso, 2019: schema impianto fotovoltaico

Mechanized and pedestrian connection between the historic center and the outskirts of the town, Peccioli – Competition, 2019: diagram of photovoltaics

alla salute e considera metodi non convenzionali per affrontare i bisogni delle neuropatologie di bambini e adolescenti. Tale metodologia di progettazione ha portato il team di Heliopolis 21 a definire la loro idea per contribuire alla salute dei bambini attraverso alcuni aspetti considerati centrali, elementi unici di questa architettura: l'impronta a terra dell'edificio, le superfici interne e la facciata.

In primo luogo, il disegno del concept iniziale fornisce una narrazione sottile e guida un processo di progettazione incentrato sull'uomo. Prendendo ispirazione dal disegno di Michelangelo delle proporzioni ideali del corpo umano, una forma a tre punte delinea, non solo i tre volumi dell'edificio, ma individua nuclei interni e cortili, ingresso, e relazioni tra interno ed esterno. Uno dei loro obiettivi era di includere nel progetto veri e propri spazi pubblici – *agorà* – che favorissero una struttura connettiva di resilienza sociale, come primo fattore di miglioramento della salute, con un *focus* sui bambini. Inoltre, l'integrazione della natura attraverso gli spazi verdi interni e l'uso ripetuto del legno naturale come rivestimento delle pareti interne massimizza il comfort e crea un ambiente tattile ideale.

Disegni concettuali e diagrammi più tecnici illustrano l'approccio di progettazione rivolta a soluzioni ambientali: la facciata climatizzata, i metodi di valutazione del ciclo di vita, il sistema a spirale dei brise soleil che avvolge longitudinalmente il volume dell'edificio.

Case_SR1938 Edificio universitario

Nella loro interpretazione del concetto di "cooptazione funzionale" formulato da Stephen Gould mutuato quindi dalla biologia evolutiva, e più precisamente interpetando l'exaptation come alternativa al tipico determinismo progettuale, Heliopolis 21 ha visto l'opportunità di rispondere architettoni-

SR1938, Università di Pisa,
2006-2009

*SR1938, University of Pisa,
2006-2009*

camente, attraverso una molteplicità di forme, ad un progetto di espansione del Campus universitario di Pisa con spazi aggiuntivi per i dipartimenti di biologia e scienze umanistiche. In previsione di trasformazioni adattabili e riutilizzi imprevedibili degli spazi, tipici di un'istituzione accademica che deve affrontare cambiamenti strutturali nel tempo, il progetto risponde con diverse strategie innovative: dai metodi dinamici di utilizzo dello spazio alle tecnologie alternative di risparmio energetico tra cui fonti di energia geotermica, dissipatori di calore, strategie per la valutazione del ciclo di vita degli edifici e uno sforzo di pianificazione globale che garantisca un basso impatto ambientale complessivo.

Il progetto enfatizza in modo specifico il design degli spazi, comunemente collocati sotto il termine generico di multiuso, favorendo l'inclusività e la diversità, dove le "stanze" interne o esterne sono progettate per accomodare in modo flessibile le future variazioni del programma accademico, considerando nuove tipologie di utenti e l'eventuale apertura di spazi alla popolazione non universitaria. Al fine di ridurre ulteriormente l'impronta ecologica dell'edificio, il team di Heliopolis 21 ha eliminato, con un approccio determinato, la presenza di qualsiasi materiale non necessario, dai rivestimenti alle decorazioni, rendendo compromessi estetici "deliberati" parte integrante della strategia di progettazione.

Case_*Fonte Mazzola*
"Radical Adaptive Re_Use" potrebbe essere il termine per definire la Biblioteca di Fonte Mazzola a Peccioli, che sorge su un precedente edificio, ormai in rovina, creando uno spazio comunitario, multifunzionale, moderno e contemporaneo. La posizione in un'area rurale, ai margini dell'insediamento, appena fuori Peccioli in Toscana, ha spinto il team di Heliopolis 21 ad una

Fonte Mazzola, Centro polifunzionale, Peccioli, 2018

Fonte Mazzola, Multipurpose Building, Peccioli, 2018

proposta progettuale sensibile e intelligente all'interno di un paesaggio dominato da un tessuto edilizio tradizionale. L'intervento si presenta, così, come un ibrido bifronte: due edifici, un Dr. Jekyll e un Mr. Hyde dell'architettura, per così dire, che mostra il suo volto tradizionale verso la città, un volume solenne eretto sull'impronta dell'edificio precedente e che pur adotta un linguaggio tradizionale. Invece una struttura di dimensioni simili all'ampliamento dell'edificio originale, sebbene sia un cubo deliberatamente moderno e rivestito con una facciata in vetro e ceramica, si sviluppa sul retro, offrendo viste spettacolari, dalle sue sale riunioni e dalla Biblioteca, verso il bellissimo paesaggio toscano.

La rapida costruzione, consentita da grandi pannelli e strutture in legno lamellare prefabbricato, rafforza ancora una volta l'approccio dello studio verso un'architettura attenta alla questione climatica e alla progettazione resiliente che si ritrova nella maggior parte dei progetti dello studio Heliopolis 21. Il loro lavoro è caratterizzato da una dedizione appassionata alla ricerca, da una deliberata integrazione dei recenti progressi della scienza e della tecnologia, da una collaborazione multidisciplinare con altri studi di progettazione e consulenti di valore internazionale, che combinano con successo in visioni trasformative e soluzioni progettuali capaci di fornire contributi significativi per la comunità, perseguendo un impegno sociale importante e contemporaneamente correlato ai temi della crisi climatica.

[1] M. Perbellini, C. Pongratz, *Natural born, CaaDesigners*, Birkhauser, Basel 1997.
[2] L. Woods, *Radical Reconstruction*, Princeton Architectural Press, New York 2001.
[3] L. Woods, *War and Architecture*, Princeton Architectural Press, New York 1997.
[4] D. Mah, *Digital Media and Material Practice*, in *Representing Landscapes: Digital*, a cura di N. Amoroso, Routledge, London 2015.
[5] S. Allen, *Four Projects, Source Books in Architecture*, Knowlton School of Architecture, The Ohio State University ARD Publishing, Columbus 2017.

Carlo Prati

Architetture
oltre la fine del Mondo

1.

Oggi l'architettura (intesa nella sua triplice essenza tecnica, teorica ed estetica) ha perso valore e credibilità sociale, ed è considerata tra le cause principali dell'attuale degrado ambientale ed antropologico, sia a livello urbano che territoriale.

L'architettura è profondamente responsabile della crisi climatica in atto: negli Stati Uniti gli edifici consumano ogni anno circa il 40% dell'energia totale; gli edifici emettono circa il 50% del diossido di carbonio (CO_2), il principale responsabile del riscaldamento globale, attraverso il consumo di suolo, la produzione di cemento e la combustione di combustibili fossili come olio, gas e carbone; l'anidride carbonica inoltre trattiene l'energia solare nell'atmosfera incrementando il riscaldamento del pianeta ed è ritenuta il principale agente del cambiamento climatico.

Quelli descritti sono, in parte, gli effetti di una "reificazione"[1] del progetto, visto unicamente quale prodotto della filiera legata all'industria delle costruzioni, ma anche come risultante di un processo di elaborazione disciplinare "chiuso" (basato cioè su una visione dogmatica delle questioni tipologico-funzionali e profondamente disinteressato alla contaminazione con altre aree scientifiche). Un processo in cui l'architetto, per accreditare se stesso agli occhi della committenza, si propone come demiurgo e salvatore.

Risulta sempre più evidente quanto la pericolosa instabilità della condizione contemporanea, sia antropologica che sociale, richieda alle discipline del progetto una radicale ridefinizione delle proprie istanze (funzionali, morfo-tipologiche, tecnologiche, ecc.) nel quadro di una ricollocazione delle stesse, all'interno di uno scenario di sviluppo e di ricerca condiviso, trasversale e proattivo.

Come architetti non possiamo trascurare quanto successo a partire dal 25 Febbraio 2020, (data in cui viene emanato il primo decreto del Presidente del Consiglio dei Ministri recante le norme per il contenimento della pandemia di Covid-19 in Italia). La pandemia ci ha proiettato sia a livello collettivo sia a livello individuale, in un classico scenario distopico. Sono molte le analogie tra la condizione che sperimentiamo e gli immaginari escatologici che abbiamo a lungo prefigurato e le narrazioni di cui ci siamo nutriti per immagini o parole. Il risultato di questa convergenza tra realtà e finzione, evidenzia ulteriormente quanto il momento attuale sia da considerarsi uno spartiacque, una cerniera, a partire dalla quale i vecchi strumenti disciplinari diventeranno obsoleti. Per questo il tempo presente, drammatico e crudele, è anche un tempo di opportunità e cambiamento.

In tal senso la ricerca nell'ambito della composizione e della progettazione architettonica, non deve soffermarsi unicamente sull'aspetto tecnologico e strutturale del manufatto (per esempio migliorandone le prestazioni sia dal punto di vista dell'efficientamento sia da quello dell'ottimizzazione delle risorse impiegate), ma anche in termini di processo, deve saper mettere in campo il pensiero creativo, applicando e praticando il disegno di architettura[2] attraverso le sue varie declinazioni (collage, freehand, parametrico, etc). La creatività si esercita per far emergere in modo inaspettato quegli "oggetti"[3] di cui andiamo affannosamente (e spesso inutilmente) alla ricerca in modo razionale. A questo proposito ritengo chiarificanti le parole di Costantino Dardi, utili soprattutto nell'aiutarci a delineare gli obiettivi che come architetti possiamo perseguire.

L'impegno disciplinare rappresenta una scelta di natura essenzialmente politica che libera il campo da mistificate finalità e consente l'affermazione degli obiettivi intrinsecamente liberatori dell'arte. Questi si perseguono […] costruendo giorno dopo giorno, pezzo su pezzo, i propri *oggetti critici* come capisaldi di una realtà diversa[4].

Questo tipo di impegno è in grado di attivare un processo che potremmo assimilare alla *Niche construction*[5] (costruzione di nicchia) della biologia evolutiva, una reazione per cui un organismo è in grado di alterare il proprio ambiente, adattandolo alle necessità del caso. In particolare, la possibilità di verificare la validità di questo principio anche in architettura, ci è data dalla filosofia della *Object-Oriented Ontology*, (con particolare riferimento al potere "imperativo"[6] che esercita uno specifico oggetto su ciò che lo circonda) e dall' "interoggettività" degli "iperoggetti".

L'abisso che si spalanca davanti alle cose è interoggettivo. Galleggia di fronte e "tra" gli oggetti. […] Gli iperoggetti disvelano l'interoggettività.

[…] tutte le entità sono interconnesse in un sistema interoggettivo. […] Quando un oggetto prende forma, è subito invischiato in una relazione con altri oggetti[7].

Questa condizione si applica per proprietà transitiva anche all'architettura, che dunque non può non essere altro che "un frammento critico della realtà storica complessiva che dialetticamente interagisce con questa"[8].

Dunque, una presa d'atto consapevole e lucida della "realtà storica" all'interno della quale (come architetti e come cittadini) ci muoviamo e operiamo, è la necessaria premessa di ogni azione migliorativa che intendiamo apportare al nostro habitat, sia antropizzato sia naturale.

Tutte le considerazioni precedenti, ritengo debbano condurci a un riconoscimento consapevole di una forma architettonica simbolica, in grado cioè di aggregare in sé temi e problemi di stringente attualità (difesa/protezione, distanziamento/prossimità, etc). In questo senso possiamo guardare simultaneamente, da un lato al lavoro di singoli architetti (penso in particolar modo a Raimund Abraham[9] e ai *Radicals* austriaci) e, dall'altro, a determinate figure e temi della costruzione (per esempio, le architetture con funzione militare[10] e i bunker del vallo atlantico)[11], per ricercare nel solco di queste esperienze e prefigurare possibili nuovi "luoghi" del progetto sia contemporaneo sia futuro.

Per questo reputo il lavoro di ricerca e l'impegno professionale dello studio Heliopolis 21, fondato nel 1996 a Pisa dai fratelli Alessandro e Gian Luigi Melis (con Nico Panizzi), paradigmatico e importante, perché testimonia di un approccio consapevole e perseverante all'architettura interpretata in modo duplice, come disciplina pratica e, insieme, teorica. Un'attitudine che traspare sia alla grande che alla piccola scala (dal progetto urbano al padiglione espositivo) e da cui emergono in modo ricorrente alcuni temi centrali e specifici su cui vorrei focalizzare ora l'attenzione, analizzandoli attraverso un numero circoscritto di parole chiave e di casi studio.

2.

L'architettura di Heliopolis 21 è *transdisciplinare*, *sostenibile*, *multifunzionale*, *visionaria* e si pone l'obiettivo di costruire (anche su un piano estetico) un nuovo modello e concetto di *comunità*.

Proprio a partire da quest'ultimo termine, si aggrega il progetto curatoriale di Alessandro Melis per il padiglione italiano alla Biennale di Venezia 2021: "Comunità Resilienti" intende esplorare le possibilità offerte da un approccio trasversale all'architettura basato su una ibridazione di questa con la biologia dell'Evoluzione. In particolare si scandaglia, con questo dispositivo, un modo alternativo di affrontare il problema progettuale, non più basato su una visione "determinista" (i cui effetti negativi sono stati precedentemente segnalati) quanto piuttosto, ispirandosi al concetto di *exaptation*[12] (cooptazione funzionale), mirato a riconoscere le qualità adattative già operanti all'interno delle nostre comunità (a partire da quelle italiane). In questo senso, Heliopolis 21 è già un soggetto attivo e operante all'interno del piccolo comune toscano di Peccioli, (circa 4.600 abitanti) situato nella Valle dell'Era e poco distante da Volterra. In questo scenario paesaggistico unico al mondo, lo studio sta contribuendo alla costruzione di una nuova idea di comunità basata sui principi e sulle parole chiave fin qui emerse.

Nella proposta sviluppata per il nuovo Collegamento meccanizzato e pedonale tra il centro storico e la periferia del paese, lo studio affronta un tema architettonico di primaria importanza, quello del percorso visto come elemento strutturante della città. Si tratta di una questione centrale che Carlo Aymonino ha lungamente indagato e così sintetizzato in un saggio degli anni Settanta:

> Il passaggio, nella città moderna, dai luoghi di riferimento centrali (le attrezzature pubbliche come possibili monumenti di parti cittadine) al sistema dei percorsi come modi di rappresentazione totale dell'impianto urbano, annulla ogni significato omogeneo e globale della città stessa [...] assegnando alle infrastrutture il ruolo di elementi strutturali dell'impianto[13].

In questo senso, il collegamento si configura come nuovo "pezzo di città"[14] I cui terminali verso il paesaggio (Campanili della biodiversità) rappresentano, sia a livello formale che funzionale, i nuovi elementi caratterizzanti di Peccioli nel quadro del più ampio sistema paesaggistico-territoriale.

Collegamento meccanizzato e pedonale tra il centro storico e la periferia del paese, Peccioli – Concorso, 2019

Mechanized and pedestrian connection between the historic center and the outskirts of the town, Peccioli – Competition, 2019

Dello stesso impianto diffuso fa parte il Centro polifunzionale di Fonte Mazzola, uno spazio destinato all'intera comunità inaugurato nel 2018, e parte integrante di un programma articolato di attrezzature di tipo ricettivo e ricreativo immerse nel verde (parco attrezzato, teatro all'aperto, ecc.). Il tema di ricerca in questo caso è la sostenibilità nella sua molteplicità di significati e tattiche di approccio compositivo; in primo luogo, per la scelta di intervenire sul costruito, l'intervento costituisce (come altri che vedremo tra poco) un efficace esempio di *upgrade Architecture*[15], effettuato per addizione di una nuova unità funzionale (Biblioteca e spazi collettivi) sulla preesistenza; in secondo luogo, dal punto di vista tecnologico, per la scelta di utilizzare, sia sul piano della struttura portante sia su quello dell'involucro esterno, unicamente materiali naturali assemblati a secco (per l'abbattimento della CO_2 e la mitigazione dell'impatto sull'ecosistema limitrofo).

Visionario, sostenibile e multifunzionale è anche il progetto del Parco degli Angeli e dell'Anfiteatro Belvedere il cui *concept* è stato sviluppato dai fratelli Melis insieme ad Hani Rashid (Asymptote), architetto tra i più autorevoli rappresentati della ricerca nell'ambito del *digital design* a livello mondiale. Una struttura con la quale la comunità di Peccioli si apre a una dimensione globale di interazione, e in cui l'architettura è interpretata sia come dispositivo relazionale che di efficientamento e ottimizzazione delle risorse naturali già disponibili.

Nella Galleria energetica di Perugia ideata insieme a Coop Himmelb(l)au, i temi della ricerca di Heliopolis 21 fin qui delineati acquisiscono, nell'adattarsi a un contesto stratificato, un valore del tutto peculiare. Un'architettura complessa, in cui il manufatto viene interpretato quale unificatore di coppie di opposti (suolo-sottosuolo, passato-futuro, cielo-terra, locale-glo-

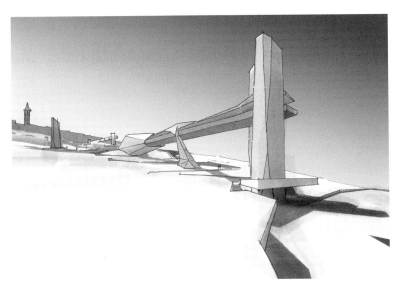

Collegamento meccanizzato e pedonale tra il centro storico e la periferia del paese, progetto, Peccioli, Pisa, 2021

Mechanized and pedestrian connection between the historic center and the outskirts of the town, Design, Peccioli, Pisa, 2021

Progetto/Design: Heliopolis 21 Architetti Associati, Ing. Gianni Michelon, Ing. Massimiliano Micheletti, Dott.ssa Francesca Franchi, Arch. Flavio Santarnecchi, Arch. Luigi Aldiccioni, AssoStudio 1989, Ing. Augusto Bottai, Ing. David Bacci, Arch. Lisa Marianelli, P.I. Andrea Fagiolini, Geol. Carlo Meoni

bale, produzione-consumo), tutti armonizzati all'interno di una "catena" strutturale in grado di configurare un nuovo DNA urbano. L'edificio diventa dunque il simbolo di un approccio alternativo ai temi della rigenerazione.

Se un tempo la questione dell'inserimento dell'architettura contemporanea nei centri storici infiammava il dibattito tra i sostenitori del restauro in stile o dell'architettura mimetica e i promotori di un linguaggio autoreferenziale da *archistar*, oggi più che mai il cuore della discussione deve essere spostato da un piano socio-filosofico a un piano ambientale e strategico. Affidarsi a un'estetica più etica non significa sacrificarla, ma, piuttosto, trovare nuove forme espressive coerenti con le attuali necessità di riqualificazione delle città storiche[16].

Una questione che viene approfondita ulteriormente (anche se con esiti formali completamente diversi), nell'ambito di una recente realizzazione dello studio, il Polo della Memoria "San Rossore 1938", nuova sede dell'Università di Pisa. Costruito sul sedime dell'antica fabbrica farmaceutica Guidotti, il progetto si configura come caso studio esemplare di Practice-Based Research, svolta sui temi della resilienza urbana. In particolare, per facilitare l'inserimento del polo SR1938 nel cuore della città, si sceglie di suddividere l'edificio in blocchi ispirati (nelle proporzioni, negli allineamenti, nelle impronte e nel ritmo delle aperture) a un campione di architettura storica pisana e alle sue mura medievali; si tratta di una procedura che ha il beneficio di trasferire al nascente edificio il "fenotipo"[17] urbano più ricorrente e caratterizzante, il tutto senza indulgere nell'applicazione di superflui elementi ornamentali. Ciò ha determinato anche la decisione di collaborare con l'architetto svizzero Roger Diener, la cui poetica si distingue per una visione misurata delle problematiche costruttive. La resilienza dell'edificio è garantita inoltre da un involucro autoportante in cemento armato e a basso impatto energetico, in grado di offrire una risposta ottimale al rischio simico e (attraverso la pianta libera) di consentire la flessibilità d'uso e il potenziale adattamento futuro a tipologie diverse.

Il complesso fieristico di Riva del Garda in Trentino rappresenta per Heliopolis 21 l'occasione per confrontarsi con un ambizioso intervento su grande scala. Risultato vincitore dell'omonimo concorso indetto nel 2006 e giunto alla sua versione definitiva nel 2017, il progetto si articola in una pluralità di funzioni ricettive e ludiche (oltre alla fiera, un Palasport e una sala concerti), distribuite su una superficie complessiva di quattro ettari. Come declinare, in questo più ampio contesto (sia economico che programmatico), il concetto di sostenibilità è forse la sfida più significativa posta dal Palasport di Riva. I metodi adottati sono due: da un lato la progettazione ambientale (*environmental design*) attuata mediante la verifica e l'applicazione al progetto, del programma di certificazione LEED (*Silver Leed Certification*), mirato a soddisfare un complesso sistema di parametri rivolti al miglioramento dell'ambiente circostante (naturale, sociale, culturale e fisico); dall'altro, un elevato livello di informatizzazione del processo, raggiunto attraverso l'utilizzo parametrico del BIM (*Building Information Modeling*) applicato in modo trasversale ai vari livelli della progettazione (fattibilità, definitiva, esecutiva). In entrambi i casi l'obiettivo è quello di pervenire a una forma in cui la comunità possa riconoscersi.

La ricerca plastica è un tratto identitario del *modus operandi* dello studio pisano, riscontrabile anche nei progetti di piccola scala. In particolare, il padiglione espositivo realizzato nel 2003 all'interno del chiostro della Pia Casa del Lavoro di Livorno, in occasione della mostra dedicata ad Alessandro Gherardesca, è nelle intenzioni dei progettisti un omaggio alle avanguardie contemporanee.

Il padiglione, definito secondo linee neoespressive e decostruite è un omaggio all'architettura internazionale che ha negli americani Eisenman, Moss, Mayne, nell'anglo-iraniana Hadid, nell'austriaco Prix, negli olandesi Van Berkel e Bos, nell'apolide Libeskind alcuni dei suoi prestigiosi maestri[18].

Una volontà espressiva, che contribuisce al raggiungimento di una piena autonomia dell'"oggetto" contenuto rispetto al contenitore e alla sua stratificazione storica; una volta che la forma è trovata, può essere duplicata, modificata e utilizzata nell'ambito di altri contesti (sia disciplinari che ambientali), mi riferisco in particolare alla "familiarità" plastica (stesso fenotipo) che intercorre tra il padiglione di Livorno e la Galleria vitrea di Pisa, un progetto che nasce con finalità prestazionali specifiche. Si tratta di un'architettura-manifesto, il cui obiettivo è la realizzazione di un involucro energetico di note-

Padiglione espositivo realizzato all'interno del chiostro della Pia Casa del Lavoro in occasione della mostra dedicata ad Alessandro Gherardesca, Livorno, 2003

Exhibition Pavilion built inside the cloister of the Pia Casa del Lavoro, on the occasion of the exhibition dedicated to Alessandro Gherardesca, Livorno, 2003

Progetto di Galleria energetica, involucro energetico, modulare, costruito interamente in vetro con connessioni in acciaio dalla concatenazione di portali e travi vetro-acciaio precompresso del tipo TVT (Travi Vitree Iensegrity), Pisa, 2014

Energy Gallery: energy modular envelope, built entirely of glass with steel connections, with a predominantly linear development obtained from the concatenation of portals and pre-stressed glass-steel beams of the TVT type (Glass Tensegrity Beams), Pisa, 2014

vole pregio e di elevato contenuto tecnologico, orientato alla sostenibilità ambientale (involucro passivo, generazione di energia, riciclabilità dei materiali), sociale (edificio polivalente) ed economica (standardizzazione, modularità e scalabilità dell'edificio).

L'idea progettuale si è concretizza in una *galleria modulare* costruita interamente in vetro con connessioni in acciaio, con uno sviluppo prevalentemente lineare ottenuto dalla concatenazione di portali e travi vetro-acciaio precompresso del tipo TVT (*Travi Vitree Tensegrity*)[19].

La scelta di utilizzare un unico materiale, sia per le frontiere verticali che per la struttura portante, è adottata da Alessandro Melis (con Michael John Davis) anche nella proposta per il padiglione della Nuova Zelanda alla Biennale di Architettura di Venezia 2016; in questo caso, piuttosto che la liquida trasparenza del vetro, è la muta presenza monolitica del legno nero a costituire (per contrasto) un rimando ideale all'universo naturale e alle tecniche tradizionali delle costruzioni rurali Neozelandesi.

Concludendo questa rassegna sintetica delle architetture di Heliopolis 21, il Museo comunale di Guamaggiore in Sardegna costruisce il suo valore in rapporto alla semplicità, vista come qualità sia etica che estetica. Un approccio consapevole al tema del riuso, orientato alla valorizzazione dei patrimoni identitari, non deve riguardare unicamente i beni culturali di pregio, ma altresì può e deve concentrarsi anche su fabbricati anonimi e abbandonati, visti quali elementi strategici per il conseguimento degli obiettivi rigenerativi proposti.

Ritornando al punto di partenza, il contributo offerto dallo studio dei fratelli Melis è utile ad aprire una riflessione più ampia e significativa sul

ruolo dell'architetto e dell'architettura nella società in cui viviamo. Come si è precedentemente messo in luce, il risultato di una visione dogmatica e reificata della disciplina l'ha relegata a un ruolo sempre più marginale, privandola di valore e credibilità agli occhi della pubblica opinione e della politica. Viviamo uno stato di crisi che richiede, per il suo superamento, l'assunzione di un nuovo punto di vista, un nuovo modo di interpretare e riconoscere la realtà che ci circonda a cui Heliopolis 21 sta dando forma, attraverso il suo lavoro nell'architettura, in modo concreto ed efficace.

[1] Il termine è preso deliberatamente in prestito dalla biologia, in particolare il concetto è trattato in: S.J. Gould, *The Mismeasure of Man*, W. W. Norton & Company Inc., New York 1996. Sulle reificazioni in biologia e architettura si veda: A. Melis, *Periferia e pregiudizio*. Bordeaux edizioni, Roma 2021. Di Alessandro Melis segnalo inoltre la lezione *Architectural Exaptation. Cooptazione funzionale in Architettura*, tenuta presso la Summer School 2020 del Dipartimento di Architettura di Pescara - Corso di Laurea in Architettura, https://www.youtube.com watch?v=hMMD080Oihw

[2] Da progettista operante, Il disegno per me ha una piena "autonomia" architettonica ed è quindi architettura in sé per sé: il disegno è l'idea dell'architettura non lo strumento di una mera rappresentazione, è il luogo ideale in cui pensare e fare architettura. Rimando,

per un ulteriore approfondimento a: C. Prati, *Il disegno dell'autonomia. Per una nuova centralità dell'architettura italiana*, Casa editrice Libria, Melfi 2018.

[3] Si veda: G. Harman, *Object-Oriented Ontology. A New Theory of Everything*, Pelican Books Ltd., Londra 2017. In merito all'applicazione in architettura di queste teorie filosofiche: C. Prati, *Iperoggetto Periferia*, Bordeaux edizioni, Roma, 2021.

[4] C. Dardi, *Semplice lineare complesso*, Editrice Magma, Roma 1976, p. 17.

[5] "Semplificando, *Niche Construction* è un principio della biologia dell'evoluzione descritto da Kevin Laland che contraddice un vecchio adagio popolare (Laland et al., 2000). La realtà che ci circonda, infatti, non è statica, e neanche progressiva. È semplicemente fluttuante e dominata dalle 'inafferrabili' leggi della termodinamica",

A. Melis, *Periferia e pregiudizio*, 2021, cit., p. 9.

[6] A. Lingis, *The imperative*, Indiana University Press, Bloomington 1998.

[7] T. Morton, *Iperoggetti*, Produzioni Nero, Roma 2018, p. 93.

[8] Dardi 1976, cit., p. 18.

[9] Il senso di vuoto personale prodotto da una condizione di solitudine (lockdown) simultaneamente individuale e collettiva è il significato simbolico nascosto che riconosco nel disegno *House with Two Horizon* che Raimund Abraham realizza nel 1973 per Kurt Kalb.

[10] C. Prati, *Roman Bunker Archeology*, "Eco Web Town. Journal of Sustainable Design" n. 22/2020, Università degli Studi G. d'Annunzio, Chieti-Pescara 2021.

[11] Si veda: P. Virilio, *Bunker Archeology*, Princeton Architectural Press, New York 1994.

[12] "Per reificazione si intende, qui, il processo mentale attraverso cui abbiamo convertito in dogma le astrazioni della teoria dell'architettura degli ultimi duemila anni, nel contempo marginalizzando fatti concreti come l'entropia, e il suo impatto nelle costruzioni, alla stregua di una disquisizione filosofica" (Gould 1996, cit.), A. Melis 2021, cit., pp. 9-10.

[13] C. Aymonino, "Progetto architettonico e formazione della città", *Lotus*, n. 7, 1970 p. 25.

[14] Si veda: C. Aymonino, *Il significato delle città*, Laterza, Bari 1975.

[15] Si veda in particolare: C. Prati, *Upgrade Architecture*. Edilstampa, Roma 2010.

[16] A. Melis, *La galleria energetica vetrata di Via Mazzini*, in P. Belardi, (a cura di), *Camminare nella storia. Nuovi spazi pedonali per la Perugia del terzo millennio*, Fabrizio Fabbri Editore, Perugia 2009, p. 93.

[17] "In genetica, l'insieme delle caratteristiche morfologiche e funzionali di un organismo determinate dall'interazione fra la sua costituzione genetica e l'ambiente." (estratto dalla voce "Fenotipo" dell'Enciclopedia Treccani). Si noti quanto questo concetto sia trasferibile all'architettura se considerata come risultante di una permutazione continua dei rapporti tipo-morfologici delle sue parti.

[18] A. Melis, Progetto di allestimento della mostra *Alessandro Gherardesca: architetto toscano del Romanticismo (1777-1852)*, 2003.

[19] A. Melis, Relazione tecnico-descrittiva di progetto, 2014.

Angela Raffaella Bruni

L'esito di un lavoro di ricerca

"L'architettura, come ricerca, richiede un'intransigente coerenza
per potersi emancipare dalla convenzionale pratica professionale"
(A. Melis)[1]

Heliopolis 21, fondato nel 1996, ha sede a Pisa, Berlino e Auckland. La composizione del gruppo si è modificata dagli esordi a oggi, mantenendo al suo interno il nucleo originario costituito dai due soci fondatori: i fratelli Gian Luigi e Alessandro Melis. La storia dell'architettura abbonda di architetti fratelli ma è raro che abbiano lavorato insieme per molti anni. Due fratelli che discutono, che entrano in dialettica con determinate proposte, ma che arrivano sempre ad una soluzione condivisa. Le proposte architettoniche non si sviluppano secondo un filo armonico unico ma conoscono pause, ripensamenti e partenze alternative.

I progetti, a piccola e grande scala, e le opere realizzate di Heliopolis 21 testimoniano la capacità dello studio di costruire edifici e di utilizzare spazi, ma anche di rimaneggiare costruzioni e complessi immobiliari, di costruire terreni aperti; in altre parole sono il simbolo del loro "saper fare architettura".

Heliopolis 21 ha vinto più di venti concorsi e ricevuto numerosi premi per il valore e il carattere innovativo dei progetti nell'ambito della ricerca contemporanea. I "premi di architettura" sono "luoghi" di confronto progettuale all'interno dei quali l'esercizio e la pratica della comparazione delle idee diventano fattore di rafforzamento delle proprie posizioni e del proprio "peso" nel dibattito contemporaneo.

Indagano a fondo il rapporto tra architettura e paesaggio, tra architettura e città.

I progetti, sia quelli costruiti che quelli solo disegnati, sono sempre pensati come ricerca applicata (Practice-Based Research) nella volontà di

Area di primo accesso e
Sala di consultazione della
Biblioteca, situata nel Palazzo
della Gherardesca, Scuola
Normale di Pisa, Pisa, 2015

*First access area and
consultation room of the
Library, located in the Palazzo
della Gherardesca, of
the Scuola Normale di Pisa,
Pisa, 2015*

individuare, con rigore, una innovazione metodologica, tecnologica o transdisciplinare.

Gli architetti di Heliopolis 21 sono particolarmente interessati alla dimensione sociale, pubblica, collettiva e alla rilevanza e all'impatto per la comunità delle loro opere. Il progetto è per loro l'esito di un lavoro di ricerca, che comprende forme di monitoraggio (*Post Occupancy*) per sviluppi futuri attraverso regole, legislazioni o *Best Practice*, integrando strategie e competenze in rapporto alla visione della trasformazione capace di rispondere alle necessità del territorio e della società.

I loro progetti sono all'avanguardia per diversi aspetti e sono testimonianza di una qualità diffusa e accurata. In tutte le scale di intervento stabiliscono accordi tra i principi dell'architettura e quelli dell'ecologia.

Heliopolis 21, infatti, lavora e ricerca le soluzioni tecnologiche più innovative per il rispetto e la salvaguardia dell'ambiente. Propone soluzioni formali che rispondono a quelle funzionali. I materiali scelti sono sempre ecocompatibili e privi di sostanze inquinanti. Le soluzioni progettuali mirano alla riduzione dell'utilizzo di risorse materiali non rinnovabili, al fine del massimo risparmio energetico, inteso anche come contributo al miglioramento ambientale, al riutilizzo delle risorse naturali impiegate e al raggiungimento di un buon livello di manutenzione e durabilità dei materiali e componenti.

Lo studio vanta una cospicua produzione di progetti e opere realizzate che sono un esempio per continuare a costruire edifici e progettare territori.

Nel testo che segue sono stati scelti solo alcuni dei progetti e delle opere realizzate, emblematici di due tra i molti temi della loro ricerca progettuale: il rapporto dell'architettura con il paesaggio e il progetto della modificazione. Tra quelli esemplificativi del primo tema: il Nuovo Polo scolastico di Caraglio, il Polo fieristico a Riva del Garda, il Parco urbano di Pisa, il Tabernacolo di Santa Caterina a Legoli, il Collegamento meccanizzato e pedonale a Peccioli, la Stazione ecologica a Cascina e la Galleria energetica a Pisa.

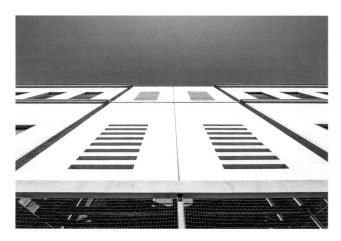

Riqualificazione prospettica e nuova scala di sicurezza antincendio della Facoltà di Farmacia, Università di Pisa, Pisa, 2007-2008

Perspective vision requalification and new fire safety staircase of the Faculty of Pharmacy, University of Pisa, Pisa, 2007-2008

Tra quelli esemplificativi del secondo tema: la Casa Museo a Guamaggiore, l'Aula Magna e la Biblioteca della Scuola Universitaria Superiore Sant'Anna di Pisa, il restauro e l'ampliamento del Teatro della Misericordia a Vinci, l'allestimento della mostra *Alessandro Gherardesca* e il padiglione espositivo nel Complesso della Gherardesca a Livorno, l'interno a Kensington.

Relazioni con il contesto attraverso la forma: il rapporto dell'architettura con il paesaggio

La natura come modello

Nuovo Polo scolastico di Caraglio e Polo fieristico a Riva del Garda
I progetti per il Nuovo Polo scolastico di Caraglio e quello per il Polo fieristico a Riva del Garda nell'area Baltera costituiscono sistemi unitari nell'impianto, nei materiali e nel colore. Entrambi stabiliscono relazioni formali con il contesto attraverso la forma: da una parte la spezzata continua dei tetti simile a quella delle montagne vicine, dall'altra gli edifici pensati come ammassi rocciosi.

Il progetto per il Polo scolastico di Caraglio, progettato con XXL Project srl, come un borgo contemporaneo e minimalista, ha vinto nel 2012 il primo premio di un concorso di progettazione in due fasi. I due edifici della scuola dell'infanzia, richiamando l'architettura locale, sono composti da piccole casette, con i tetti a doppia falda, ripetute, accostate e allineate le une alle altre.

A Riva del Garda i volumi nuovi e quelli esistenti sono caratterizzati da involucri, sfaccettati e piegati come negli origami, con estese superfici vetrate: nella Concert Hall, un lungo taglio sul lato ovest in corrispondenza del piano terra e un grande occhio al piano primo, sopra la parete inclinata dell'atrio di ingresso; nel Palasport, un'ampia bocca trasparente di forma irregolare forma il prospetto di ingresso. Heliopolis 21 progetta i volumi nuovi e trasforma le preesistenze inglobandole in superfici metalliche in la-

Valorizzazione del sito
del Tabernacolo di Santa
Caterina, località Legoli,
Peccioli, Pisa, 2015-2017

*Enhancement of the
Tabernacle of Santa Caterina,
in the area of Legoli,
Peccioli, Pisa, 2015-2017*

minato e lamiera stirata, diaframmi con diverse declinazioni della trasparenza che generano relazioni significative con l'intorno, trasformando ogni edificio in "icona comunicativa".

La figura dell'origami
*Parco urbano di Pisa e valorizzazione del sito del Tabernacolo
di Santa Caterina a Legoli*
La figura dell'origami è ricorrente in molti progetti di Heliopolis 21.

Nel progetto per il Parco urbano di Pisa il padiglione da lettura, con struttura di metallo e rivestimento in corten, ha la forma di un foglio di carta piegato.

Nel progetto per la valorizzazione del sito del Tabernacolo di Santa Caterina a Legoli, Heliopolis 21 progetta in adiacenza alla cappella ottocentesca, contenente il Tabernacolo con gli affreschi di Benozzo Gozzoli, un padiglione in cemento armato colorato, avente anch'esso la forma irregolare di un piano piegato e aperto verso il paesaggio.

Linee spezzate e piani inclinati si alternano a forme sinuose: infrastrutture, stazioni ecologiche, gallerie energetiche
Collegamento meccanizzato e pedonale a Peccioli
Nei progetti a linee spezzate e rettilinee si alternano spesso forme sinuose.

Il progetto di concorso per la lunga infrastruttura pedonale, sopraelevata, pensata per collegare il centro storico di Peccioli a viale Gramsci, ovvero la parte alta e la parte bassa del paese, presenta forme complesse, generate da curve, nei nodi che compongono il rettilineo e da linee spezzate nel volume, posto al termine del tratto trasversale, pensato come porta di accesso all'abitato.

Il sistema comprende due parti caratterizzate da forme differenti.

La prima parte è la lunga infrastruttura a valle, con andamento parallelo a viale Gramsci e contraddistinta dalla forma organica dell'insieme dei nodi. La seconda è il passaggio meccanizzato con l'ascensore, segmento trasversale con torri, superfici inclinate e coperture dai contorni irregolari.

Attraverso il collegamento pedonale, segno riconoscibile nel paesaggio, si generano due livelli: quello della città in basso e quello dell'infrastruttura in alto, sorretta da pilastri scultorei in cemento armato, simili a tronchi di albero.

I due nodi principali, luoghi di accesso al sistema infrastrutturale, costituiscono emergenze nel territorio. Caratterizzati da strutture polimorfiche con coperture che avvolgono l'infrastruttura come un nastro continuo dalla forma sinuosa che si dirama come una lunga estensione dei pilastri sottostanti, comprendono piattaforme panoramiche, collegamenti verticali, percorsi meccanizzati, rampe. Il primo, porta d'ingresso all'insieme, è il più lontano dal centro ed è situato in prossimità dell'area in cui è previsto il nuovo polo scolastico, vicino all'Incubatore d'Imprese realizzato nel 2005[2]: questo garantisce la risalita meccanizzata verso il centro storico e un attraversamento sicuro della strada provinciale da ovest verso est in previsione dell'utilizzo degli spazi rurali adiacenti. Il secondo consente la fruizione degli impianti sportivi: la sua struttura a ponte è pensata come una piccola stazione per gli Ultra pods e comprende un belvedere.

La seconda parte del sistema di collegamento, quella terminale, costituita dal passaggio meccanizzato con le due torri, è situata ad est del centro storico, tra il parcheggio di viale Mazzini e via VIII Marzo. È pensata come ulteriore porta di ingresso a Peccioli, funzionante a vari livelli, come elemento di riscrittura del paesaggio in questa parte di territorio, come *landmark*, elemento identitario e riconoscibile. Presenta nella sua forma complessiva contorni spezzati, pieghe e superfici con parti di rottura. Le torri, come quelle medievali preesistenti, fanno da contrappunto all'orizzontalità del percorso.

L'intervento produce sia sul versante collinare che sul tratto pianeggiante un'azione scultorea e iconica determinata da "cesellature e frastagliate e lacerate sezioni, tra paesaggio e architettura"[3].

L'intero progetto dell'infrastruttura è l'esito di una ricerca progettuale in cui convergono vari temi legati alla città e al paesaggio su cui è incentrato il lavoro di Heliopolis 21. La ricerca è stata sviluppata infatti con la collaborazione del Cluster for Sustainable Cities dell'Università di Portsmouth[4]. Il *Cluster* è un centro di ricerca interdisciplinare di eccellenza, impegnato nella promozione di strategie per le "Comunità Resilienti", il cui obiettivo primario è l'integrazione tra tecnologie avanzate e architettura in un contesto sociale e urbano.

I progettisti scrivono nella relazione di progetto:

La sfida progettuale mira alla realizzazione di una comunità resiliente e socialmente coesa attraverso la connessione dei servizi e delle attività di valle al centro storico. […] Il Collegamento pedonale e meccanizzato tra il centro storico di Peccioli e la sua periferia diffusa è un'opportunità di ricucitura del tessuto urbano, che contribuisce alla coesione sociale, attraverso la versatilità dell'assetto variabile dell'infrastruttura (sostenibilità sociale), alla mitigazione delle emissioni di gas serra grazie alla responsività climatica, alla generazione di energia da fonti rinnovabili (sostenibilità ambientale) e all'economia del territorio attraverso l'attrattività turistica (sostenibilità economica)[5].

Pannelli fotovoltaici, sistemi eolici integrati nelle solette orizzontali e nelle pensiline, cuscini con sistemi biologici per la schermatura degli elementi di passaggio, rendono il camminamento un "organismo vivente in grado di autoalimentarsi dal punto di vista elettrico e di trasformare CO_2 in Ossigeno"[6].

A Legoli, frazione di Peccioli, borgo sulla collina dominante la Valle dell'Era in provincia di Pisa, "esiste il più bell'impianto di smaltimento e trattamento di rifiuti d'Italia[7]. Nel 2017 David Tremlett, pittore e scultore britannico, maestro della neo-avanguardia, famoso per i suoi *Wall Drawing*, riempie di colore e di forme geometriche i lunghissimi muri di contenimento che sostengono il terreno sotto cui giace l'accumulo di immondizia e i tre silos della zona dove avviene il processo di trasformazione del materiale di scarto in gas. Sulle stratificazioni del terreno di colore grigio chiaro sono poi disseminate statue antropomorfe giganti, realizzate da Naturaliter.

Alessandro Melis, curatore del Padiglione Italia alla Biennale Internazionale di Architettura di Venezia 2021, dedica nell'ambito della mostra una speciale sezione al 'Laboratorio Peccioli'[8]. Il piccolo Comune toscano reinveste "da vent'anni i proventi della discarica in ricerca, sostenibilità, cultura, arte e architettura, innovazione tecnologica", indirizzando l'economia locale verso tale direzione. È "difficile trovare un piccolo borgo in Italia che abbia eguali" sottolinea: "Peccioli rappresenta alla perfezione quel sistema che individuiamo nel concetto di comunità resiliente: si sperimentano forme di riciclo e riutilizzo che vanno oltre la discarica"[9].

Stazione ecologica a Cascina
Legato a quest'aspetto è anche uno dei primi progetti di Heliopolis 21, quello del 1996 per la Stazione ecologica a Cascina, zona industriale di Pisa.

Il progetto, per il suo valore ecologico, ha ricevuto nel 1997 dal Politecnico di Milano l'attestato di "Compatibilità Ambientale" ed è stato premiato nel 2001 al concorso internazionale Dedalo Minosse. Nasce dall'idea di uno spazio aperto al pubblico, in cui svolgere attività integrate e, nello stesso tempo, razionalizzare la raccolta differenziata dei rifiuti solidi urbani.

Si compone di due parti: l'area destinata alla raccolta dei rifiuti con una rampa in cemento armato per il transito delle vetture dei fruitori; l'area pro-

Stazione ecologica
a Cascina, Pisa, 1996

*Ecological Station
in Cascina, Pisa, 1996*

tetta da una pensilina in acciaio, al di sotto della quale sono disposti gli speciali contenitori portarifiuti. Si aggiunge un edificio di piccole dimensioni per il custode.

Anche in questo caso la ricerca progettuale dà come esito una piccola architettura, caratterizzata da superfici inclinate, parti in vetro, dove l'obliquo e la trasparenza, il pieno e il vuoto, si incontrano per dar vita a una struttura a ponte, asimmetrica, costituita da una copertura a sviluppo longitudinale e a sezione variabile con due travature reticolari in acciaio, vincolate a due appoggi differenti. Da un lato un elemento derivante dall'incastro di più volumi e dall'altro due pali d'acciaio controventati.

Galleria energetica a Pisa

Il rapporto con il paesaggio è stabilito dalla trasparenza assoluta della Galleria energetica a Pisa, in cui anche gli elementi portanti sono pensati in vetro.

La galleria è uno spazio vuoto, aperto alle estremità, in cui attraverso il vetro si stabilisce continuità tra interno ed esterno in ogni direzione. Il suo asse è una linea spezzata. Questa architettura è l'esito di un progetto pilota del 2014[10], in cui si sono cercate possibili relazioni tra forma architettonica ed efficienza energetica.

L'idea progettuale è quella di un tunnel, di un padiglione, per la produzione di energia rinnovabile, che, grazie al suo microclima interno, può essere utilizzato come serra, come giardino d'inverno, come spazio allestitivo, come struttura pubblica negli spazi aperti della città.

Una piccola architettura sostenibile dal punto di vista ambientale, sociale ed economico: involucro passivo, generatore di energia, composto da materiali riciclabili, adatto ad accogliere più funzioni e soggetto a standardizzazione, modularità e scalabilità.

Heliopolis 21 ha pensato di realizzare il manufatto nel centro di Pisa, nell'area denominata "Cittadella", pensandolo come "polo attrattore e valorizzatore dell'esistente e come contenitore di attività espositive e didattiche collegate alle emergenze architettoniche" del contesto[11].

Oggetto scultoreo di vetro su un piano orizzontale verde, dalla forma allungata tra le case e un campo sportivo, fornisce energia e allo stesso tempo è spazio di allestimento.

Lungo 58 metri e largo tra i 12,5 e i 16,5 metri è alto 6,5 metri.

La forma del padiglione vetrato deriva da una sequenza di operazioni di trasformazione del volume parallelepipedo iniziale: quella della segmentazione in tre parti, quella della traslazione, del taglio e della sottrazione che generano un involucro sfaccettato secondo superfici triangolari, diversamente orientate per ottimizzare la captazione della radiazione solare da parte dei pannelli fotovoltaici in esso integrati e per assecondare la direzione dei venti.

Il risultato finale è una configurazione piegata a formare tre segmenti di galleria con direzioni diverse. Il complesso architettonico è formato da una successione di quindici portali con travi in vetro-acciaio precompresso del tipo TVT (*Travi Vitree Tensegrity*), a interasse variabile, diversi tra loro, coperti con pannelli di vetro stratificato, intelaiati e appoggiati a un'orditura metallica secondaria vincolata ai portali.

I pannelli composti da due lastre di vetro e i nodi d'acciaio sono tenuti insieme da barre d'acciaio pretensionate.

Il progetto della modificazione: gli interventi sulla preesistenza

Il Progetto della modificazione è per Heliopolis 21 un progetto attento alla preesistenza. L'esistente viene reinterpretato attraverso le figure dell'accostamento, dell'addizione, dell'inglobamento.

Casa Museo a Guamaggiore

Negli interventi sull'esistente alla piccola scala, operazione ricorrente è la modificazione della facciata. Nel progetto per la trasformazione di una palazzina in Casa Museo a Guamaggiore il rapporto con la città è stabilito dalla lamiera rossa inserita sulla facciata principale, in corrispondenza dell'ingresso, che segna il nuovo edificio come elemento riconoscibile nel contesto.

Il rivestimento di lamiera forata mette in evidenza il volume contenente l'atrio e ne misura l'altezza rispetto al basamento. Il prospetto è disegnato dall'allineamento tra il volume rivestito, il cancello adiacente e il basamento in pietra. La linearità predomina nella composizione dell'insieme.

*Aula Magna e Biblioteca nella sede storica della Scuola Universitaria
Superiore Sant'Anna a Pisa*

La ricerca di Heliopolis 21 si basa sulla tecnologia e sulla scelta di materiali.
Nel progetto per il restauro e la trasformazione dell'Aula Magna e della Biblioteca della sede storica della Scuola Universitaria Superiore Sant'Anna il
disegno dei particolari, lo studio dei sistemi di illuminazione e quello degli
arredi contribuiscono a stabilire il rapporto con la preesistenza.

Restauro e ampliamento del Teatro della Misericordia a Vinci

Il progetto di concorso del 2005 per il restauro e l'ampliamento del Teatro
della Misericordia e la sistemazione della piazza antistante a Vinci ha vinto il
primo premio. L'ampliamento si pone in adiacenza alla preesistenza.

Il rapporto della nuova parte di progetto e il restauro del Teatro della
Misericordia è contrassegnato da un considerevole distaco architettonico
costituito da una parete vetrata alta e stretta. Il nuovo volume lineare ed
essenziale si distingue per il linguaggio minimalista e per l'uniformità del
materiale di rivestimento in *brise-soleil* di legno che lo contraddistingue
dall'antico edificio accanto.

*Allestimento mostra e Padiglione espositivo nel Complesso
della Gherardesca a Livorno*

Nel 2003 Heliopolis 21 cura l'allestimento della mostra *Alessandro Gherardesca: architetto toscano del Romanticismo (1777-1852)* nel Complesso della Gherardesca a Livorno. L'idea è quella di:

> un monolite (in cartongesso dipinto di rosso) come nucleo del percor-
> so espositivo, posato longitudinalmente nella navata centrale dell'o-
> ratorio neoclassico con lesene, colonne e cornici trattate a marmorino.
> Il monolite conduce verso il coro dove, sull'altare, è esposto il plastico
> del Complesso.

Alessandro Melis scrive nella relazione di progetto:

> Un padiglione, inserito in ambiente storico, deve essere perfettamen-
> te riconoscibile come contemporaneo, sia nei materiali che nella defi-
> nizione architettonica, [...] concepito come un supporto alla migliore
> fruizione del monumento[12].

Al suo interno viene affrontato il tema della "Progettazione secondo
Gherardesca" e vengono esposti i disegni a china e acquerellati dei progetti provenienti dagli archivi delle città in cui Alessandro Gherardesca ha
operato.

Appartamento privato,
Kensington, Londra, 2015

*Private apartment,
Kensington, London, 2015*

Il padiglione è simile nella forma a quello della Galleria energetica a Pisa: un tunnel dalla configurazione irregolare, piegato a formare tre segmenti di direzioni diverse. Cavità, spazio vuoto, aperto alle estremità che si può percorrere longitudinalmente e crea, secondo il suo asse spezzato, un cannocchiale ottico tra l'ingresso al sistema e l'altare. L'uniformità di colore e di materiale delle pareti, del pavimento e del soffitto, rende unitaria la composizione.

Interno a Kensington
La sperimentazione sullo spazio interno di Heliopolis 21 si esplicita nella ristrutturazione dell'appartamento a Kensington. Soluzione spaziale aperta in cui il vuoto del soggiorno è il centro compositivo. Lo studio dei dettagli e degli arredi e l'uso del colore bianco contribuiscono all'unità dello spazio.

[1] A. Melis, *LDA.iMdA e la dimensione etica del progetto* in A.R. Bruni, *LDA.iMdA Paesaggi, architetture, interni*, Architetti Roma Edizioni, Roma 2019.
[2] L'Incubatore d'Imprese è stato progettato da Casati architetture nel 2005.
[3] Heliopolis 21 (a cura di), *Collegamento pedonale dal centro storico del capoluogo alle aree dei servizi pubblici lungo viale Gramsci, Peccioli*, Progetto di fattibilità tecnico economica Relazione tecnico-illustrativa. Studio di prefattibilità ambientale, Belvedere S.p.A. Innovazione – Progetti – Sviluppo.
[4] Il Cluster for Sustainable Cities, University of Portsmouth, è diretto da Alessandro Melis.
[5] Laboratorio di ricerca Media Hub University of Portsmouth (a cura di), *Heliopolis 21, Cluster for Sustainable Cities University of Portsmouth, Layout Percorso Peccioli*, Concorso.
[6] *Ibidem.*

[7] Stela Xhunga, *La discarica di Peccioli oltre a essere bella produce welfare. L'esempio di un Comune italiano che si fa bello grazie ai rifiuti*, "People for Planet", 3 Giugno 2019.
[8] A. Melis, *il Padiglione Italia nel segno dell'impatto zero*, "AGI Agenzia italia", 13 gennaio 2021.
[9] A. Melis, *Peccioli, una realtà unica Ecco perché voglio raccontarla*. Melis svela alcuni contenuti: "Difficile trovare un piccolo borgo in Italia che abbia rivali", "La Nazione" - Pisa, 13 gennaio 2021.
[10] G. Masiello, M. Froli, A. Melis, V. Mamone, M. Giammattei (a cura di), *The Energy Gallery: a Pilot Project in Pisa*, conferenza internazionale Glasstec, (Dusseldorf, 21 e 22 ottobre 2014).
[11] A. Melis, *Galleria vitrea energetica*, relazione tecnico descrittiva, 2014.
[12] A. Melis, *Complesso Gherardesca*, note al progetto di allestimento, 2003.

Giuseppe Fallacara
Ilaria Cavaliere
Dario Costantino

Un'architettura tra utopia e innovazione

Il seguente articolo è stato scritto con lo scopo di effettuare una sintetica panoramica dell'articolato lavoro di Heliopolis 21, analizzando il *modus operandi* progettuale dello studio, quali siano gli ideali e gli obiettivi a cui mira e come si sviluppa il suo lavoro di ricerca progettuale.

Abbiamo compiuto, *in primis*, un'analisi documentale, attraverso la consultazione dell'archivio dello studio, disponibile online, quindi abbiamo ritenuto utile fare un raffronto critico con testi della prima monografia ufficiale – edita da D Editore – sulla parte grafica del lavoro di Heliopolis 21 e, infine, abbiamo condotto un'intervista rivolta ai membri di Heliopolis 21 ai quali abbiamo posto le seguenti questioni.

• Heliopolis 21: da dove deriva il nome e perché questa scelta?

• "We design environmental conscious buildings and smart cities to meet today's needs without compromising the needs of the future generations." Come si traduce questo intento all'interno dell'iter progettuale? Come influenza il rapporto tra architettura e ambiente sia in termini formali che tecnologici?

• Avete dedicato l'esposizione del Padiglione Italia al tema delle "Comunità Resilienti", per riflettere su come rispondere alla pressione sociale e ambientale del futuro. Anche Heliopolis 21, in qualità di studio di architettura, affronta queste problematiche? E in caso di risposta affermativa, in che modo? Potete farci qualche esempio tra i vostri progetti?

• Come cambia l'approccio, soprattutto da un punto di vista ideologico, quando passate da progetti come *Camminare nella storia* – in cui le geometrie sono estremamente fluide e organiche – a progetti più essenziali come il Centro polifunzionale Fonte Mazzola a Peccioli?

• Come intendete il concetto di "utopia" e quali sono le vostre fonti di ispirazione (suggestioni artistiche, cinematografiche, letterarie)?

• I vostri disegni appaiono estremamente visionari, e quindi distanti dall'approccio concreto che ci si aspetterebbe da uno studio di architettura. In che modo questi sono connessi al processo di progettazione? Possono essere considerati una forma di indagine dello spazio e della sua percezione?

Le risposte ricevute sono state sintetizzate all'interno del testo che segue, che abbiamo suddiviso in tre sezioni principali: la prima incentrata sul lavoro di Heliopolis 21 – considerando la filosofia dello studio e il modo in cui si riverbera nei progetti architettonici –; la seconda focalizzata sul concetto di utopia e sui disegni; la terza dedicata al lavoro sulla VR che abbiamo seguito nel 2020 – che presenta uno stretto legame con il tema della comunicazione delle suggestioni progettuali.

Heliopolis 21

Il titolo di un'opera è la massima sintesi dei concetti espressi in essa. Per questa ragione, prima di procedere con le tematiche di carattere progettuale e scientifico, è opportuno inquadrare il team Heliopolis 21, spiegando l'origine del suo nome: esso nasce dalla forza evocativa della *Città del Sole* di Tommaso Campanella, descritta nell'omonima opera filosofica del 1604. Così come l'autore, ispirato da Platone e da Tommaso Moro – all'interno di una visione filosofica fortemente naturalistica – delinea una città ideale e utopistica, in cui scienza, amore e religione sono in perfetto equilibrio, così lo studio pisano/berlinese, ispirato a sua volta da Tommaso Campanella, convoglia fin da subito le proprie risorse nella ricerca di possibili soluzioni tecnologiche e costruttive che garantiscano un adeguato rispetto delle condizioni ambientali, in modo da porre le basi per realizzare anch'esso la propria città ideale, ovvero una città del futuro più salubre ed ecocompatibile.

Inoltre, in linea con la vocazione fortemente ambientalista, il nome Heliopolis – seguito dal numero 21, sia per indicare la sua fondazione a cavallo tra i due secoli, sia perché l'uso di un numero dopo di una parola di stampo evocativo richiama i titoli di famose opere di letteratura utopistica e fantascientifica – presenta al suo interno il termine "Helios", ovvero Sole in greco, che rafforza il suo legame concettuale con la cosiddetta "architettura bioclimatica".

Non a caso Alessandro (1969) e Gian Luigi Melis (1968) e i loro partner (Nico Panizzi, Ilaria Fruzzetti, Filippo Mariani e Laura Luperi) hanno scelto di citare sul loro sito web il Rapporto Brundtland del 1987, in allegato a uno degli scenari utopici disegnati. All'interno di questo vero e proprio manifesto, Heliopolis 21 sostiene di "progettare edifici e città *smart*, rispettosi dell'ambiente per soddisfare i bisogni di oggi senza compromettere le esigenze delle generazioni future".

Per riuscire in questo intento, nel corso del tempo il lavoro dello studio è virato verso una sempre più marcata radicalità: se nei primi anni l'attività progettuale è stata focalizzata soprattutto sul tema del *carbon footprint*, in seguito si è palesata la necessità di concepire un'architettura – come hanno tenuto a sottolineare gli H21 nel corso dell'intervista – "intrinsecamente ecologica" e, quindi, non più intesa come alternativa alla naturalità, ma come parte della natura stessa.

Tale ricerca è stata sviluppata in modi molto differenti, portando a progetti la cui estrema eterogeneità e l'assenza di legami stilistici tra gli uni egli altri rientrano nella precisa scelta di non cercare un codice figurativo ben delineato e riconoscibile – una sorta di "stile" che renda individuabili le opere – ma di lavorare attraverso la Practice-Based Research, rendendo le stesse architetture strumenti di indagine scientifica – un'indagine che parte dalla fase di ricerca preliminare e si evolve fino al monitoraggio post realizzazione.

Per comprendere questa visione è necessario fare riferimento ai progetti. Un primo esempio è *Camminare nella storia*. L'opera – non realizzata –, una galleria pedonale nel centro storico di Perugia, è stata sviluppata in collaborazione con Coop Himmelb(l)au e consiste in una particolare copertura in acciaio e vetro, la cui complessità non è frutto di una ricerca puramente formale – come quella già portata avanti da molti celebri studi di architettura – ma è giustificata da un processo di *Form Finding* volto a massimizzare la performance energetica e strutturale, in modo da ottenere un'architettura autosufficiente.

Un altro esempio è il progetto del *Polo della Memoria San Rossore 1938*, sviluppato per l'Università di Pisa e inaugurato nel 2020, che si presenta come un insieme di forme regolari e austere, totalmente opposte a quelle di *Camminare nella storia*. Eppure anche in questo caso ricorrono i temi della sostenibilità e della ricerca applicata. Si tratta, infatti, di un'opera di riqualificazione e bonifica di un ex stabilimento farmaceutico nel centro urbano, per il quale si è realizzato, in via del tutto sperimentale, un complesso sistema di sonde e pozzi geotermici che alimentano una serie di pompe di calore. Non solo: questo edificio si avvale anche del principio dell'*exaptation*, ulteriore tema emerso nelle risposte dei membri di Heliopolis 21. Nel campo della biologia, quella dell'*exaptation* è una teoria elaborata da Stephen J. Gould ed Elisabeth S. Vrba che riguarda la capacità degli esseri viventi di riconvertire per una nuova funzione – anche più importante – strutture già a disposizione, che originariamente avevano un altro scopo. Per portare un esempio tratto dalla evoluzione della specie: si ipotizza che i dinosauri avessero sviluppato un leggero piumaggio per una probabile auto-regolazione della temperatura, gli uccelli, che hanno seguito la stessa linea evolutiva, hanno sfruttato penne e piume per il volo. Applicato all'architettura, tale principio indica l'intrinseca possibilità per un edificio di essere convertito per altri usi, anche più efficaci, in caso di situazioni future imprevedibili.

Attualmente il *Polo della Memoria* ha la funzione di centro universitario e anche di memoriale delle vittime dell'Olocausto – la dicitura "San Rossore 1938" rievoca la firma delle leggi razziali, avvenuta nel 1938 proprio a Pisa – tuttavia la scelta di usare un involucro portante e spazi interni senza strutture divisorie dimostra l'apertura all'accoglimento di nuove funzioni.

Ancora differente dai precedenti risulta *Borboletta Sonic Installation*, un'opera di design realizzata in collaborazione con MONAD Studio e Ofl, dal carattere fortemente sperimentale, che incarna alla perfezione il tipo di ricerca e i temi attorno cui ruota tutto il lavoro di Heliopolis 21. Si tratta di un'installazione scultorea dalla forma organica, il cui scopo è simulare l'integrazione di diversi ecosistemi. Essa racchiude due sfere trasparenti per l'allevamento dei grilli – in futuro gli insetti dovrebbero diventare parte integrante di una produzione alimentare più sostenibile – a loro volta collegate a una terza sfera contenente acqua, utile per la regolazione dell'umidità dell'habitat, attraverso dei sensori e un sistema Arduino. Per evitare l'effetto serra è stato pensato un sistema di schermatura a energia zero: ciascuna "biosfera" è posta dietro una "finestra" a doppio vetro, nella cui intercapedine vivono funghi mucillaginosi, che hanno la capacità di contrarsi ed espandersi in funzione dell'incidenza luminosa. La parola "Sonic" contenuta nel titolo dell'opera, invece, rimanda alla presenza di alcuni strumenti musicali "incastonati" nella struttura, che possono essere suonati dai fruitori stessi. Questo lavoro, frutto anche in questo caso, della Practice-Based Research, mira a studiare gli equilibri *ecosistemici* tra specie differenti, umane e non umane, ancora una volta all'insegna della riflessione su un futuro più sostenibile.

I progetti di Heliopolis 21, di cui i tre analizzati rappresentano un piccolo ma significativo campione, sono testimonianza di un ricerca applicata che si evolve continuamente, di pari passo con la progettazione di opere d'architettura "intrinsecamente ecologiche", che danno luogo a esiti formali differenti, a volte più tradizionali – e in questo caso la ricerca risulta essere più focalizzata sull'uso dei materiali o di particolari tecnologie – a volte più estremi – giustificati da processi di *Form Finding*.

Utopia, Rappresentazione e Architettura

Proprio facendo riferimento alle forme definite "estreme" e all'atmosfera futuristica che riescono a evocare è possibile introdurre il concetto di utopia, intesa come espressione di una visionarietà slegata dalla realtà che conosciamo e affine alle suggestioni appartenenti ad altri ambiti non necessariamente architettonici. Difatti per rispondere alla quinta domanda – quella, appunto, incentrata sul modo in cui Helipolis 21 intende il concetto di utopia – gli H21 hanno fatto esplicita menzione dell'universo cinematografico fantascientifico, horror e cyberpunk – citando film come *Alien*, *Prometheus* e *Interstel-*

lar – ma anche di quello fumettistico, in particolare quello dei manga giapponesi. In questo caso le visioni risultano ancora più distanti dal nostro tradizionale modo di vedere, anche perché appartenenti a una cultura – quella orientale – solitamente trascurata nell'ambito della storia dell'architettura. Questo fa sì che elementi come le rappresentazioni di città post apocalittiche – un esempio significativo può essere rappresentato da *Biomega*, di Tsutomu Nihei – o dei rapporti quasi simbiotici tra esseri viventi e artificiali – come in *Akira*, di Katsuhiro Ōtomo – forniscano spunti di riflessioni inediti agli architetti occidentali.

Tuttavia il background culturale di Heliopolis 21 non resta vincolato all'immaginario pop, ma affonda le radici della propria concezione di utopia nell'operato degli architetti radicali austriaci degli anni Sessanta che, come dichiarato dal suo massimo esponente Hans Hollein, basavano la propria attività sul principio "tutto è architettura", nella convinzione che bisognasse svincolarsi dalle ideologie convenzionali e trovare nuove ispirazioni e nuove chiavi di interpretazione della realtà.

Nel rispetto di questo pensiero, condiviso da tutti membri dello studio, l'utopia, quindi, diventa uno strumento per rileggere la realtà, individuando nuovi spunti di riflessione che permettano di interpretarla in modo inedito e di "rompere le mappe mentali" che portano a vedere l'architettura solo secondo i canoni tradizionali; anche questo può considerarsi parte di una ricerca, seppur molto legata alla psicologia e alla percezione umana.

Una ricerca che ha solide fondamenta nella disciplina del disegno, ampiamente sfruttata dallo studio che, non a caso, ha posto la propria firma "H21" su un vasto campionario di illustrazioni. Queste sono nate, sì, dalla mano di Alessandro Melis, ma – come egli stesso tiene a precisare – sono il risultato di momenti di indagine riconosciuti e condivisi dall'intero team.

I disegni, molti dei quali sono stati raccolti nella già citata monografia a cui si rimanda, sono di varia natura: quasi come se fossero fotografie prive di filtri di forme e creature impossibili e appartenenti a una dimensione "altra". Possono riconoscersi forme animali (zoomorfismo), minerali (geomorfismo), insetti titanici (*Urban Insect*) fino a immensi edifici che sembrano emergere dallo scontro e sovrapposizione di placche tettoniche (*Geocity IV*). Non ci sono limiti, né spaziali, né logici e questo è un punto di importanza cruciale, che si spiega – attraverso un richiamo alle neuroscienze – con l'esigenza di fissare in modo rapido ed efficace le innumerevoli informazioni prodotte dal pensiero associativo. È proprio tramite questo tipo di indagine che si possono ottenere intuizioni inaspettate, nuove chiavi di lettura dell'architettura, che si può incorrere nella *serendipity*, ossia nella scoperta casuale di specifiche soluzioni attraverso l'atto incondizionato del disegno spontaneo di linee, superfici e volumi.

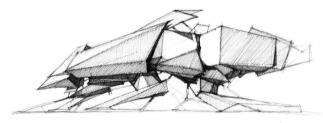

Da qui nasce quella che nell'ambito artistico e industriale viene definita *Concept Art*, ovvero una raccolta di suggestioni a cui attingere in qualunque momento per ottenere ispirazioni di carattere progettuale. Talvolta è chiaramente visibile un legame tra il disegno di partenza e l'opera finale – come nel caso del Polo fieristico di Riva del Garda e l'illustrazione *Urban Insect* – in altri casi, invece, il legame è meno evidente.

Realtà virtuale

Nel passaggio dal concept alla realizzazione è sempre necessario un compromesso. Questo può avvenire nelle forme, nei materiali, nelle luci o nelle dimensioni e tanto più l'opera è ambiziosa, tanto più sarà difficile restare fedeli all'idea iniziale, almeno finché si parla di costruire concretamente. È possibile, come è noto, tuttavia, pensare a un modo di costruire differente, che permetta la fruizione di architetture estremamente complesse senza alcun vincolo, ovvero attraverso la Realtà virtuale. A dimostrazione di ciò, chi scrive vuole qui riportare un'esperienza maturata durante un percorso di ricerca legato a una tesi sperimentale in Progettazione Architettonica del Politecnico di Bari.

Come riportato anche nella monografia ufficiale, i disegni di Heliopolis 21 sono stati oggetto di un'operazione di virtualizzazione: alcuni disegni sono stati tradotti in eseguibili di realtà virtuale, fruibili tramite Oculus. Il la-

Le due illustrazioni
Biotech City II

The two Biotech City II
illustrations

voro più consistente è stato quello svolto per *Biotech City II*, ovvero una creatura cibernetica vermiforme, la quale è stata resa completamente esplorabile sia esternamente, muovendosi in uno scenario impostato su un quartiere virtuale di New York – esattamente come nell'illustrazione originale – sia nei suoi spazi interni – nel ventre dell'insetto/architettonico –, dove è stata allestita una sorta di galleria multimediale.

Tralasciando in questa sede le questioni di carattere tecnico legate alle modalità di virtualizzazione, riteniamo sottolineare come questo tipo di sperimentazione rappresenti uno strumento di estrema utilità. La Realtà virtuale, infatti, in casi come questo, offre infatti all'architetto la possibilità di annullare ogni divario tra la sua idea e quella che viene recepita dagli altri, facendo sì che essa sia valorizzata appieno.

Nel corso delle prove effettuate abbiamo avuto modo di appurare come, in modo direttamente proporzionale all'entusiasmo che ha caratterizzato generalmente le reazioni degli utenti, il livello di curiosità e attenzione siano aumentati considerevolmente, portando i fruitori a "muoversi" per *Biotech City II* esplorandone ogni anfratto. Questo testimonia il valore di un'opera che, dopo aver guadagnato tridimensionalità ed essendo oggetto di una fruizione immersiva, ha potuto fornire nuovi punti di vista e prove della sua "virtuale concretezza".

Laura Luperi

Restauro: tra cooptazione funzionale ed *exaptation* architettonica

Un progetto di restauro e recupero, di un singolo manufatto o di un insieme di essi, non può che essere visto come parte integrante del tessuto urbano circostante e correlata con il suo sviluppo storico; intervenire in un frammento del costruito significa agire su tutto ciò che a esso è concatenato, così come avviene nelle dinamiche evolutive. Nei secoli la forma muta ed evolve lentamente per adattarsi, accogliere, ospitare nuove funzioni e necessità, innescando un fenomeno quasi incontrollabile che porta, a volte, all'autodeterminazione di alcune funzioni rispetto ad altre.

Compito, tentativo, aspirazione dell'architetto è innescare con interventi più o meno estesi, a volte piccoli e puntuali a volte riconducibili a interi isolati urbani, un meccanismo di evoluzione virtuosa che si innesti, all'interno della trama edificata della città storica, per mantenerla viva.

Partendo dal presupposto che fra le cause dell'attuale crisi ambientale globale non possa non essere annoverata la progettazione degli insediamenti urbani, risulta necessario individuare nuovi strumenti per una lettura dello scenario futuro e ipotesi di indirizzo per nuove scelte progettuali che siano più sostenibili e volte a rafforzare la resilienza urbana.

Per definire strumenti e strategie si potrebbe provare a sfruttare le possibili analogie tra biologia dell'evoluzione e progetto architettonico, in particolare considerando il concetto di *exaptation*, ampiamente trattato negli anni Ottanta e Novanta del Novecento dallo studioso dell'evoluzionismo Stephen Jay Gould. Tale intuizione, teorizzata da Alessandro Melis e Telmo Pievani[1], potrebbe diventare un nuovo riferimento nella lettura delle città in termini di sviluppo, ecologia e resilienza.

Riprendendo ed estendendo il concetto di preadattamento di Darwin, Gould individuò il termine *exaptation*: "Si parla di *exaptation* in tutti i casi in cui vi sia una cooptazione contingente, per una funzione attuale, di strut-

Parco urbano di Santa Maria,
via Paoli, Pisa. Dettagli
della struttura a "origami"
della sala di lettura all'aperto,
Pisa, 2005-2009

*Santa Maria Urban Park,
Via Paoli, Origami structure
of the outdoor reading
room details, Pisa, 2005-2009*

ture impiegate in passato per funzioni diverse o addirittura per nessuna funzione"[2].

In uno scenario di ridondanza funzionale e flessibilità, risulta ragionevole ipotizzare "che una struttura possa arrivare a svolgere funzioni diverse da quelle svolte in passato, e, analogamente, possa ancora cambiare in futuro"[3]. In natura uno degli esempi più affascinanti di questo processo è quello legato all'evoluzione della funzionalità delle piume degli uccelli, utilizzate in origine per l'isolamento termico e solo successivamente per il volo.

Melis e Pievani hanno evidenziato come fenomeni simili all'*exaptation* descritta da Gould caratterizzino lo sviluppo urbano ed evidenzino "le medesime caratteristiche di plasticità, opportunismo funzionale e resilienza che in biologia sono sussunte nel termine *exaptation*"[4].

Il restauro, il recupero, la riqualificazione e la cooptazione funzionale dell'esistente possono quindi essere strategie vincenti per spiegare la complessità dell'evoluzione urbana e utilizzare un approccio più sostenibile, e forse meno antropocentrico, allo sviluppo delle città: "La natura usa il meno possibile di qualsiasi cosa" Johannes Kepler.

Parco urbano di Santa Maria,
via Paoli, percorso pedonale
del parco urbano, Pisa,
2005-2009

Santa Maria Urban Park,
Via Paoli, pedestrian path
in the Urban Park, Pisa,
2005-2009

Quartiere di Santa Maria a Pisa

Nei progetti di restauro dello studio, tali elementi risultano spesso presenti; emblematico, in questo senso, l'intervento nel quartiere di Santa Maria a Pisa, oggetto, dall'inizio degli anni duemila, di un importante intervento di ricucitura e riqualificazione urbana.

Il progetto, con l'obiettivo di creare un vero e proprio Campus universitario, ha interessato un intero isolato di origine medievale in cui, in maniera disorganica, si erano attestate numerose strutture dell'ateneo pisano già dagli anni Sessanta e Settanta.

Lo sviluppo del complesso, è uno degli esempi di "design non deterministico come un'estensione delle potenzialità di adattamento delle città"[5]: l'isolato risulta infatti composto per lo più di manufatti edilizi, sorti su preesistenze riconducibili alle case torri medievali, ampliati e modificati nel corso dei secoli, dal 1500 al 1700, per realizzare palazzi gentilizi, fino a giungere, con le modifiche ottocentesche, all'attuale conformazione.

Il variegato e complesso sviluppo distributivo e architettonico si collega a importanti evoluzioni funzionali; nel corso degli anni infatti, gli edifici

Parco urbano di Santa Maria,
via Paoli, dettaglio percorso
pedonale con elementi
in acciaio corten, Pisa,
2005-2009

*Santa Maria Urban Park,
Via Paoli, detail of pedestrian
path with weathering steel
elements, Pisa, 2005-2009*

che lo compongono, hanno ospitato un Convento dei Salesiani e, sotto il Granduca Pietro Leopoldo I di Toscana, un orfanotrofio femminile.

Lo studio ha curato il restauro e il recupero funzionale di alcuni dei manufatti costituenti l'isolato: il Palazzo della Carità, la Chiesa di Santa Eufrasia e il parco che collega gli edifici fra loro.

L'intero isolato, che rappresentava storicamente un punto di riferimento per l'aggregazione sociale cittadina, è stato così restituito alla fruizione pubblica, rivolgendosi in questo caso alla popolazione universitaria, ma non solo.

L'area a verde, interna all'isolato è infatti stata progettata come un parco urbano pedonale con funzione di connettivo anche per la popolazione non universitaria, contribuendo a creare un percorso alternativo che dalla Piazza del Duomo conduce verso i Lungarni, attraverso i suggestivi spazi storici della città.

L'intervento sul costruito è stato principalmente finalizzato alla sistemazione e razionalizzazione degli ambienti a servizio dei dipartimenti di Filosofia, Storia Moderna, Medievistica e del Centro Bibliotecario del Polo di Filosofia e Storia dell'Università di Pisa.

La Chiesa di Santa Eufrasia; da tempo sconsacrata, ha riconquistato una funzione sociale, attraverso la rifunzionalizzazione a grande sala di consultazione della Biblioteca dei dipartimenti di antichistica.

All'esterno elementi e colori tipici dell'architettura storica pisana sono stati mixati ad elementi moderni contraddistinti dall'uso di acciaio corten: le linee curve della pensilina di connessione tra i due corpi di fabbrica principali e le lame che individuano e delimitano i percorsi pedonali del parco urbano e della struttura "ad origami" della sala di lettura all'aperto.

Palazzo della Carità, isolato di Santa Maria, via Paoli, dettaglio pensilina di connessione tra i due corpi di fabbrica principali in acciaio corten e vetro, Pisa, 2002-2003

Palazzo della Carità, Santa Maria district, Via Paoli, detail of the canopy connecting the two main buildings in weathering steel and glass, Pisa, 2002-2003

Villa Fattoria di Libbiano, Peccioli, Pisa

Seguendo il principio della rifunzionalizzazione, interi borghi, nascosti nella campagna toscana e completamente abbandonati, hanno potuto riprendere vita e attrarre persone e attività, valorizzando il paesaggio circostante, senza ulteriore consumo di suolo.

Nel borgo denominato "Villa Fattoria di Libbiano" a Peccioli, Pisa, l'intervento di recupero è riuscito a ridare vita, con un meccanismo virtuoso e implementare, all'antico borgo.

Gli spazi tipici dell'attività agricola: villa padronale, granaio, fienile, sono rinati, seguendo il principio della *cooptazione funzionale*, mixando ambienti a destinazione residenziale con ambienti a destinazione ricettiva.

A chiudere il cerchio, iniziato sul finire degli anni duemila, lo studio è stato chiamato a restaurare l'ultimo frammento mancante, e indubbiamente più prezioso, custodito dal borgo: la Chiesa di San Paolo Apostolo, fulcro storico della vita comunitaria.

Il Mulino di Nocchi, Camaiore, Lucca

Stessa attenzione e rispetto per il passato, declinato in chiave di *exaptation*, si ritrova nell'intervento di restauro e recupero funzionale del borgo denominato "Il Mulino di Nocchi" a Camaiore, Lucca.

Il nucleo del borgo, risalente all'inizio del 1700, è stato completamente ristrutturato e rifunzionalizzato; gli elementi tipologici caratterizzanti l'antico nucleo sono stati restaurati e destinati a nuove funzioni, dotati delle più moderne tecnologie, senza perdere la traccia della storia.

Aula Magna e Biblioteca Scuola Universitaria Superiore Sant'Anna, Pisa

Nel recente progetto di riqualificazione dell'Aula Magna e della Biblioteca della Scuola Universitaria Superiore Sant'Anna a Pisa, lo studio è intervenuto all'interno della sede storica dell'Università con l'obiettivo di aumentare il livello di riconoscibilità dei due ambienti di maggior rappresentanza istituzionale, valorizzandone, nel contempo, la qualità architettonica.

Il complesso, a riprova dell'*exaptation* che caratterizza l'evoluzione storica dei tessuti urbani densamente storicizzati, era in origine un monastero benedettino femminile trecentesco, trasformato in struttura scolastica sotto il Granduca Pietro Leopoldo I di Toscana, e solo a metà degli anni Settanta del Novecento, è divenuto la sede principale della Scuola.

Gli interventi per l'Aula Magna hanno interessato la realizzazione di una moderna sala per regia e traduzioni simultanee e il progetto dei nuovi elementi di arredo e di illuminazione, improntati alla massima ergonomia e modularità, connotati da essenzialità e riconoscibilità.

Il progetto per i nuovi allestimenti dell'adiacente Biblioteca ha previsto la razionalizzazione degli spazi e la valorizzazione della volumetria architettonica originaria della sala principale, dove, in sostituzione della scala esistente è stato progettato un elemento di collegamento scultoreo, realizzato in lamiera d'acciaio.

Pinacoteca di Collesalvetti

Occasione per misurarsi con la teoria della *cooptazione funzionale* si presenta anche nella realizzazione di una Pinacoteca a Collesalvetti, Livorno.

In un fabbricato di scarsa rilevanza architettonica, originariamente adibito ad annesso funzionale dell'adiacente Palazzo Romboli, vengono realiz-

Aula Magna, Scuola Universitaria Superiore Sant'Anna, Pisa, 2016-2019

Aula Magna, Sant'Anna University School, Pisa 2016-2019

zati ambienti espositivi, inserendo elementi scultorei all'ingresso del complesso, che ne esprimano la nuova funzione di rappresentanza e il carattere pubblico. Il manufatto, da ambiente secondario e di servizio, finisce così per confrontarsi e dialogare con il complesso principale, assumendo una funzione e una dignità completamente nuova.

La riprogettazione degli spazi esterni, oggi fruibili come piazza aperta alla comunità, definisce connessione e continuità tra la nuova Pinacoteca e il palazzo storico, ingenerando un meccanismo virtuoso di attrazione della cittadinanza e permettendo di rinsaldare e sviluppare la connessione sociale della comunità.

Parco di Villa Gori a Massarosa, Lucca

Fra gli innumerevoli interventi di restauro e riqualificazione urbana di complessi con enorme valenza sociale per la comunità, sono da citare anche il restauro conservativo del campanile e della Chiesa di Santa Maria Ausiliatrice a Marina di Pisa e l'intervento di riqualificazione del parco di Villa Gori a Massarosa, Lucca.

A Massarosa il progetto si muove su due piani paralleli: il recupero, attraverso un intervento di restauro filologico, del parco storico che circonda la villa liberty denominata Villa Gori e la progettazione ex novo dell'area a verde confinante, collocata circa due metri sotto il livello della Villa.

I nuovi elementi costruiti che caratterizzano il parco urbano, sono realizzati in cortine laterizie con la volontà di renderli immediatamente riconoscibili e contemporaneamente instaurare un dialogo con i dettagli laterizi della villa.

Aula Magna, Scuola Universitaria Superiore Sant'Anna, Pisa, 2016-2019

Aula Magna, Sant'Anna University School, Pisa, 2016-2019

Si tratta di cortine laterizie che permettono di definire spazi e ospitare funzioni: la struttura in mattoni che ospita la rampa per superare il dislivello fra le due aree a verde e l'ingresso per l'area a parco che nasce dall'unione di due lunghi diaframmi in laterizio.

---

[1] A. Melis, T. Pievani, *Exaptation as a design strategy for resilient communities*, in *Integrated Science: Transdisciplinarity Across the Different Disciplines*, Springer Nature, 2020.

[2] T. Pievani, *Quella volta che siamo diventati umani*, "Lettera Internazionale" n. 80, 2004, http://letterainternazionale.it/testi-di-archivio/quella-volta-che-siamo-diventati-umani/.

[3] A.M. Rossi, *Adattamento e esattamento. Un dibattito incandescente*, in F. Civile, V. Danesi, A.M. Rossi, *Grazie Brontosauro. Per Stephen Jay Gould*, Edizioni ETS, Pisa 2012.

[4] A. Melis, T. Pievani, *Exaptation as a design strategy for resilient communities*, in *Integrated Science: Transdisciplinarity Across the Different Disciplines*, Springer Nature, 2020.

[5] *Ibidem*.

Antonio Lara
Hernandez

Mexico Projects

Mobilità strategica e piano per la ripresa economica.
San Francisco de Campeche, Messico
Il 2020 è stato un anno molto impegnativo per molte città e realtà sociali. Le restrizioni alla mobilità e all'uso degli spazi pubblici causate dalla pandemia e attuate da molti governi in tutto il mondo, hanno gravemente colpito il panorama economico e sociale delle città. La città di San Francisco de Campeche (Messico) non è stata un'eccezione, nonostante le chiusure generalizzate in Messico non siano state così pesanti come in Italia, il centro della città ha subito una completa chiusura per un periodo di tempo considerevole a causa delle restrizioni Covid-19. È all'interno di questo contesto che il governo di San Francisco de Campeche, attraverso la Fundación Pablo Garcia, ha invitato gli architetti di Heliopolis 21 a dare il loro contributo.

Il centro di San Francisco de Campeche risale al 1540, fondato dalla Corona spagnola, con un'area delimitata di 0,51 km quadrati, che per la sua unicità è stata dichiarata patrimonio dell'UNESCO. Pertanto, i vincoli derivanti dalla necessità di preservare il patrimonio edilizio storico e le restrizioni dovute al Covid-19, hanno richiesto interventi di progettazione urbana strategica, che consentissero alle persone di tornare a una nuova normalità in concomitanza con la ripresa economica, prevenendo al contempo la diffusione dei contagi.

Il progetto si focalizza su una strategia che muove da due elementi cardine: mobilità e spazi pubblici. Per fare ciò, il progetto individua tre strade principali (8a, 10a e 12a) che concentrano una gamma diversificata di funzioni edilizie, che vanno dal settore pubblico e amministrativo alle strutture commerciali e culturali, con la presenza di servizi sia di livello locale che di livello regionale. Il progetto propone di rimuovere i parcheggi, aumentando così gli spazi pedonali, e offrendo più spazi pubblici fruibili in sicurezza all'in-

terno del centro urbano. Introduce inoltre l'uso di piastre in plastica riciclabile per allocare tre alberi di *Maculis*, una specie arborea endemica, al fine di proteggere i percorsi pedonali mitigando l'effetto "isola di calore". L'uso sincronizzato di tram aperti, lungo le tre strade, in combinazione con un trasporto pubblico di connessione tra la periferia e il centro città, fornisce un'opzione affidabile per gli utenti del trasporto pubblico, avvantaggiando più di 12.000 utenti, calcolati su base giornaliera prima delle restrizioni dovute al COVID-19. Questa proposta è stata ben accolta dalle autorità e anche dal pubblico. In ogni modo, preso atto delle imminenti prossime elezioni nello Stato, sarà necessario non allentare la spinta per la loro attuazione.

Casa & Mini 210 | Merida, Mexico

Questo complesso edilizio si trova nella zona nord di Merida, in Messico, un tempo area rurale, che attualmente sta attraversando processi di "gentrificazione" e di notevole sviluppo urbano. L'edificio originariamente era un laboratorio di falegnameria, il cui patio era adibito a magazzino; vi era anche un pozzo utilizzato come deposito dei rifiuti.

La ricerca dell'intimità e della solitudine sono stati i fili conduttori di questo intervento architettonico, dedicato a un'utenza comunemente poco considerata, benché in aumento: le coppie senza figli e i single.

Il primo piano è dedicato all'unità abitativa, con un design che esalta il rapporto tra l'interno e il giardino esterno. Il progetto segue quindi uno schema "introspettivo", staccandosi dal frenetico contesto urbano circostante. La camera da letto e la zona giorno si trovano a nord, mentre la cucina e il patio a sud, massimizzando la ventilazione e riducendo l'esposizione al sole attraverso un pergolato e l'uso di soffitti alti nella in cucina. La terrazza superiore si innesta sulla strada e al contempo assume la funzione di ingresso al mini appartamento. Il mini appartamento è composto da due volumi, "cuci-

Analisi per il progetto
"Mobilità strategica e piano
per la ripresa economica",
San Francisco de Campeche,
Messico, 2020

*Analysis for the project
"Strategic Mobility and
Economic Recovery Plan."
San Francisco de Campeche,
Mexico, 2020*

Casa & Mini 210, Merida,
Messico, 2021

*Casa & Mini 210, Merida,
Mexico, 2021*

ti" tra loro da un volume in vetro, che indica l'accesso principale ma è anche spazio di collegamento tra i servizi e lo studio. L'appartamento e il mini appartamento condividono il patio, la terrazza superiore, il pozzo (ora pulito e risanato) e i giardini, mantenendo intatta la loro privacy. Il risultato è un complesso edilizio che sostiene la "densificazione" nell'area, senza cedere alla "gentrificazione", promuovendo al contempo uno stile di vita minimal e inclusivo. Inoltre, questo progetto sfida lo *status quo* dell'area, proponendo due unità abitative senza dotazioni di parcheggio, al fine di promuovere un'idea di città senza auto e uno stile di vita più sostenibile.

PROGETTI VISIONARI E DISEGNI RIVOLUZIONARI

VISIONARY PROJECTS MIXED WITH MIXED WITH RADICAL DRAWINGS

Virginia Cucchi

Padiglione Italia
17a Biennale di Architettura di Venezia

Italian Pavilion
17th Venice International Architecture Exhibition

progetto/design
Heliopolis 21 Architetti
Associati
committente/client DG Arte
Contemporanea, Ministero
della Cultura, Roma
data progetto/design date
2019/2021
**data realizzazione/
construction date**
2021

C'è una partita a scacchi in atto da secoli tra l'Uomo e un misterioso avversario. Ci sono regole da seguire perché l'antagonista che siede dall'altro lato del tavolo, di cui intuiamo l'identità, la Natura, è tanto leale quanto intransigente verso errori commessi per ignoranza. Ci sono scienziati che assistono alla partita e ci dicono che, se l'uomo non accetta i patti e continua a giocare secondo una tattica estremamente scorretta, dettata dall'avidità, abusando della posizione che si è arbitrariamente assegnato, il gioco, come molti indizi preannunciano, non potrà protrarsi a lungo ma l'interruzione sarà imminente e anche molto brusca. Tra questi esperti del settore ci sono anche gli architetti di Heliopolis 21 che, da appassionati di scienze dell'evoluzione, ci indicano il cammino per ritrovare, nei confronti di un pianeta tanto maltrattato e impoverito, un equilibrio, al momento seriamente compromesso. Saranno parametri improntati all'adattabilità, suggerita dalla biologia e dalla paleoantropologia, a informare le nuove metodologie progettuali così come saranno i processi tipici del pensiero associativo, studiati dalle neuroscienze, a modellare le abitudini comportamentali.

La città, abbandonate rigide e statiche configurazioni, proprie di una logica deterministica e lineare, dovrà provvedere a sostituire contesti monoblocco con sistemi aperti, caratterizzati da fluidità e diversità. Sarà

There has been a chess game going on for centuries between Man and a mysterious player. There are rules that must be followed: the antagonist who sits on the other side of the table, whose identity we can easily guess, Nature, is as loyal as intransigent towards mistakes committed for ignorance. There are scientists who, watching this game, tell us that, if man doesn't accept the conditions and continues to play according to an extremely incorrect tactic, dictated by greed, abusing the position he has arbitrarily occupied, the game, as many clues anticipate, will not last long and the interruption will be imminent and very abrupt.

Among these experts there are also the architects of Heliopolis 21, who, enthusiastic of evolutionary sciences, indicate the way to recover a balance, currently seriously compromised, in a planet so mistreated and impoverished. Parameters based on adaptability, as suggested by biology and paleoanthropology, will inform new design methodologies, as well as associative thought processes, studied by neuroscience, will shape behavioral habits.

The city, abandoning rigid and static configurations, typical of a deterministic and linear logic, will replace monobloc, one-piece and one-way contexts with open systems, characterized by fluidity and diversity. The urban fabric will be reconsidered in relation to the troposphere, as a perfect circular

Assonometria che mostra
le sezioni espositive e
il posizionamento delle
installazioni-prototipi

*Axonometry showing
the exhibition sections
and the positioning of the
prototype installations*

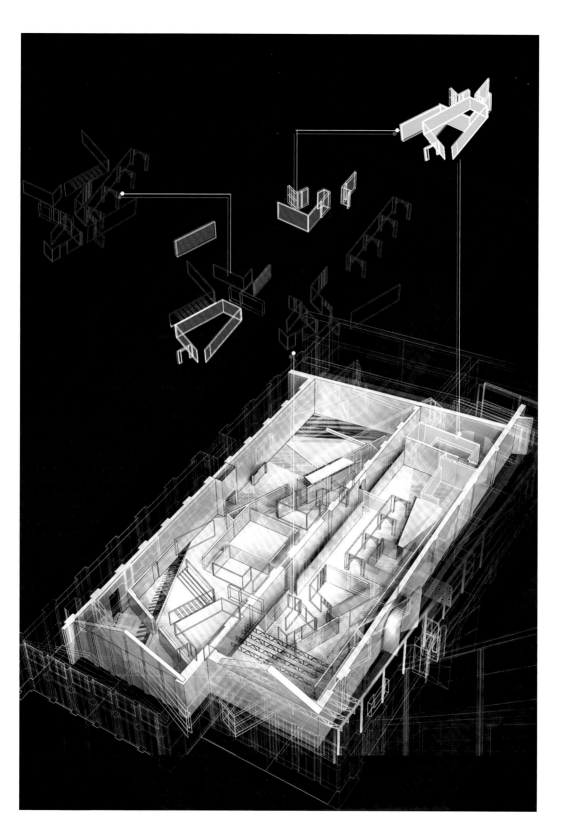

Pagina precedente
Assonometria che mostra
il riutilizzo dei materiali
provenienti dal Padiglione
Italia 2019 per la 58a
Esposizione Internazionale
d'Arte della Biennale
di Venezia

Previous page
Axonometry showing
the reuse of materials from
the Italian Pavilion 2019
for the 58th International
Art Exhibition of the
Venice Biennale

riconsiderato in relazione alla troposfera il tessuto urbano, dotandolo di un perfetto metabolismo energetico circolare; infine una particolare, profonda riflessione sarà dedicata alla società, e al significato di una vera vita associata. Costruire non sarà un atto con finalità esclusivamente materiali ma costituirà la parte inscindibile di un impegno morale verso un domani migliore."Contribuire a creare la società piuttosto che a rappresentarla" sarà una delle più impegnative responsabilità che un architetto sarà chiamato ad affrontare in un futuro sempre più affollato e sempre più dominato da gravissime ineguaglianze e fortissime disparità. In questa era, che si è tristemente conquistata la denominazione di Antropocene, si dovranno drasticamente cambiare molti stili di vita ed eliminare forme di ingiustificata prevaricazione, come la colonizzazione della biosfera, in nome di un'arrogante e sfacciata presunzione da parte dell'uomo, incurante di esserne solo una infinitesimale, piccola parte. È con un nome che sintetizza quella che sarà una vera e propria vocazione che i due fratelli, entrambi architetti, Alessandro e Gian Luigi Melis, fondano nel 1996 il proprio studio, Heliopolis 21. Riferimenti simbolici, fortemente connotativi: una città che adorava il sole come dispensatore di vita, e un numero, che allude a una nota iconografia sugli obelischi, come rappresentazione architettonica di un'esistenza, che vorrebbe perpetuarsi all'infinito. Essi esprimono l'aspirazione a una progettazione che fa del risparmio energetico e della sostenibilità una priorità in assoluto. Alessandro è anche uno squisito disegnatore e la sua grande forza raffigurativa riesce a coinvolgere alla scoperta dei suoi mondi tanto sconosciuti quanto affascinanti. A questo riguardo, per interpretare più correttamente questi disegni, che

metabolism and a particular, profound reflection will be dedicated to society, and to the meaning of an authentic associate life. Building will not be intended exclusively in its purely material connotation but as a moral commitment towards a more equitable and, therefore, better coexistence. *"Helping to create society rather than representing it"* will be one of the most demanding responsibilities that an architect will have to face in a future increasingly crowded and dominated by serious inequalities and disparities. In this era, that has sadly earned the appellative of Anthropocene, many conducts will have to drastically change , and forms of unjustified prevarication such as the colonization of the biosphere, acted out in the name of an arrogant and impudent presumption on behalf of man, regardless of being only an infinitesimal, small part of it. It is within a name that synthesizes what will be a real vocation, that the two brothers, both architects, Alessandro and Gian Luigi Melis, founded in 1996 their studio, Heliopolis 21. Symbolic allusions, strongly connotative: a city that adored the sun as a giver of life, and a number suggesting a well-known iconography on obelisks, as architectural representation of an existence which would like to perpetuate infinitely, express the aspiration to a design that will prioritize energy-saving and sustainability. Alessandro is also an exquisite artist and his great inventive power involves us with magnetizing attractiveness to discover his worlds, as unknown, yet fascinating. In this respect, in order to correctly interpret these drawings, which could seem to trespass into pure fantasy, and to better comprehend the philosophy of Heliopolis 21, I think it is appropriate to stress an affinity with one of the most significant architects of Conceptualism, Lebbeus Woods. Even his extremely

potrebbero sembrare sconfinare nella pura fantasia, e per meglio addentrarci nella filosofia di Heliopolis 21, credo sia opportuno menzionare un'affinità con uno dei più significativi architetti del Concettualismo, Lebbeus Woods. Anche le sue idee estremamente audaci e tanto provocatorie, espresse in scenari apocalittici, creati dalla finezza grafica di una mano, tanto prolifica quanto virtuosa, potrebbero ingannarci e fare credere di trovarci proiettati in universi immaginifici. Qualcuno lo fece notare a Woods, provocando in lui una reazione di risentimento e perentorio rifiuto: "Non mi interessa vivere in un mondo fantastico, tutto il mio lavoro è inteso ad evocare spazi architettonici reali […] quello che mi interessa è come sarebbe il mondo se fossimo liberi dai limiti convenzionali. Forse posso mostrare cosa potrebbe accadere se vivessimo secondo un diverso insieme di regole". I membri di Heliopolis 21 si prefiggono gli stessi intendimenti, ben consci che certe loro visioni, per la scarsa familiarità che destano in chi le osserva, suscitano spesso reazioni di scetticismo, richiamando realtà immaginarie distopiche. La loro ricerca invece contempla il campo tecnologico e scientifico, includendo ambiti particolarmente specialistici, in cui essi indagano avidamente quei processi che nel corso di centinaia di milioni di anni hanno garantito forme di sopravvivenza alle specie viventi, traendone spunti per un eteronomo approccio progettuale, volto a implementare soluzioni il più flessibili possibile e ad offrire i mezzi di adattamento a quelle condizioni estreme e in continuo mutamento, che la crisi climatica minaccia e che non possiamo facilmente prevedere.

Il Padiglione Italia 2021 rappresenta lo sforzo di Heliopolis 21 e la volontà di attestare in modo tangibile come l'architettura possa adeguarsi a un'economia del risparmio, seguendo l'esemplarità della natura. Anziché

daring and provocative ideas depicted in apocalyptic scenarios, created by the lines of rare graphic refinement of a hand, as prolific as virtuous, could deceive us and make us believe to be projected into imaginative universes. It is a particular sensation that someone pointed out to this very experimental architect, causing a reaction of resentment and peremptory refusal: "I'm not interested in living in a fantasy world . . . All my work is meant to evoke real architectural spaces . . . what interests me is what the world would be like if we were free of conventional limits. Maybe I can show what could happen if we lived by a different set of rules." The intent of the collaborators of Heliopolis 21 is the same, even if their visions, due to the unfamiliarity they arouse in the the observer, can often trigger skeptic reactions, evoking dystopian imaginary realities.

Their research contemplates the technological and scientific field, encroaching on particularly specialized areas, in which they avidly investigate those processes that over the course of hundreds of millions of years have guaranteed forms of survival for living species. From these researches they draw inspiration for a heteronomous design approach, that aims to implement solutions as flexible as possible and offer means of adaptation to those extreme and ever-changing conditions, which the climate crisis threatens and we can not easily predict. The 2021 Italian Pavilion reveals the joint effort and willingness of Heliopolis 21 to tangibly attest how architecture can adapt to an economy of savings, following the exemplarity of nature. Instead of intervening according to a previously finalized design, it was decided to give a new life and a second function to the materials used for the project that Milovan Farronato had realized in occasion of the 2019 Art

Installazione di Riccardo Burchielli: "*L'opera di Burchielli fa parte di una sezione cross-over*, Arti Creative ed Industriali. *Essa si sviluppa come un percorso itinerante all'interno del Padiglione Italia, i cui tratti distintivi fungono da filo conduttore delle altre tematiche in mostra. Questa componente espositiva intende rafforzare il progetto curatoriale espresso nell'interazione tra architettura ed elementi provenienti dalle arti creative come il cinema, il teatro, il fumetto, ma anche la graphic novel e il gaming, tradizionalmente trascurate nel panorama culturale italiano. Questa inclusione, oltre a emancipare la cultura pop, corrobora la polifonicità della comunicazione del padiglione*" (A. Melis)

Riccardo Burchielli installation: "Burchielli's work is part of a cross-over section, termed Creative and Industrial Arts. It develops as an itinerant path inside the Italian Pavilion, whose distinctive features act as a common thread for the other themes on display. This exhibition component intends to strengthen the curatorial project expressed in the interaction between architecture and elements from the creative arts, such as cinema, theater, comics, but also graphic novels and gaming, traditionally neglected in the Italian cultural landscape. This inclusion, in addition to emancipating pop culture, corroborates the polyphonic nature of the pavilion's communication*" (A. Melis)

Installazione curatoriale
Cyberwall: "Il Cyberwall è
l'installazione curatoriale
nella quale le arti creative ed
industriali ottengono visibilità
in una nuova dimensione di
sperimentazione e ricerca
condotta da Heliopolis 21
sulle superfici ceramiche ad
alte prestazioni.
L'installazione, grazie alle sue
proprietà eco-attive,
contribuisce a rendere più
salubre l'aria ed è, al
contempo, manifestazione di
una intenzionalità artistica"
(A. Melis)

Curatorial installation
Cyberwall: "The Cyberwall
is the curatorial installation
in which the creative and
industrial arts gain visibility
in a new dimension
of experimentation and
research conducted by
Heliopolis 21 on high-
performance ceramic
surfaces. Thanks to its
eco-active properties,
the installation contributes
to making the air healthier
and is, at the same time,
a manifestation of an artistic
intentionality" (A. Melis)

intervenire seguendo un disegno precedentemente finalizzato, lo studio decide di fare rivivere una seconda funzione e nuove finalità ai materiali utilizzati per il progetto che Milovan Farronato propone per la Biennale di Arte 2019.

Le referenze che incoraggiano questa analogia con il mondo naturale e che spingono a focalizzarsi su procedimenti che provvedano variabilità, ridondanza di forme e di opportunità, si devono ricercare nel fenomeno noto come 'exaptation', studiato dai due biologi Stephen J. Gould ed Elisabeth Vrba, che, contraddicendo il concetto di 'preadaptation' e la linearità della teoria evoluzionistica darwiniana, evidenzia come certe caratteristiche degli esseri viventi, plasmate per una particolare funzione, con il tempo ne assumano altre. Nella gestione di future emergenze ambientali queste dinamiche evolutive permettono una nuova concettualizzazione urbana e rappresentano un vero e proprio ampliamento delle opzioni di intervento, dotando la città di una maggiore adattabilità e capacità di essere, come abitualmente diciamo, resiliente. È un tipo di reazione a una tradizionale genesi progettuale che si dovrà tenere in considerazione nel ripensare entro i prossimi vent'anni le periferie italiane come "Comunità Resilienti", salvaguardando la ricchezza di un patrimonio cognitivo.

In nome di un'architettura che si proclama "il punto di riferimento di un vasto impegno interdisciplinare", il Padiglione è stato concepito e strutturato come un grande laboratorio, in cui si lavora in team su diversi "neuroni", adottando il pattern del pensiero associativo, origine di soluzioni tanto radicali quanto fantasiose.

Lo spazio sceglie di enfatizzare l'importanza della differenza e della pluralità, appropriandosi di una

Biennale. The references that encourage this analogy with the natural world and lead to focus on procedures able to provide variability, redundancy of forms and opportunities must be sought in the phenomenon studied by the two biologists Stephen J. Gould and Elisabeth Vrba, known as 'exaptation', that, contradicting the concept of 'preadaptation' and the linearity of the Darwinian evolutionary theory, highlights how certain traits of living beings, shaped for a particular function, over time assume others. In the management of future environmental emergencies these evolutionary dynamics allow for a new urban conceptualization, and represent a real extension of the intervention options, endowing the city with a greater adaptability and ability to be, as we usually say, resilient. It is a type of reaction to a traditional design genesis that should be taken into consideration in rethinking the Italian suburbs as 'Resilient Communities' within the next twenty years, safeguarding the richness of their cognitive heritage.

Coherently with an architecture that proclaims itself "the reference point of a vast interdisciplinary commitment", the Pavilion has been conceived and structured as a large laboratory, in which a team works on different 'neurons', adopting and embracing the pattern of associative thinking, source of solutions as radical as imaginative.

The exhibition space chooses to emphasize the importance of difference and plurality and, as a world teeming with unusual and very bizarre creatures, has been on purpose defined with the strongly connotative term 'jungle', deriving from molecular biology. Clearly resounds the hint about that extraordinarily dense landscape of presences and variability that constitute the pulsating sequence of the human DNA genome, dismissed as 'junk DNA',

connotazione ricca di molti espliciti riferimenti. Con un furto dichiarato, il complesso dell'area espositiva, definito con un termine sottratto al mondo della biologia molecolare, si presenta come una 'giungla' brulicante di creature insolite e bizzarre. È chiara l'allusione a quel paesaggio straordinariamente denso di presenze e variabilità che costituisce la sequenza pulsante del genoma del DNA umano, liquidato come "junk DNA", fintanto che Ewan Birney non ne ha decodificato il vocabolario, coniando la metafora ben più appropriata di "jungle DNA". Lo studioso spiega che, quando ci si trova in una giungla fitta di incognite da affrontare e si cerca di "hackerarsi" per raggiungere una certa soluzione, è abbastanza facile sentirsi persi. A questo proposito, aggiunge un'ulteriore nota, di cui dovremmo fare tesoro: "le persone dovrebbero capire che anche se scoprire quanto non sai può sembrare regressivo e frustrante, identificare le lacune è davvero positivo". Ci sono similarità che legano il famoso biologo ed Heliopolis 21: la convinzione che il dubbio non ci debba mai lasciare ma debba instancabilmente alimentare la nostra ricerca di sapere e che la conoscenza, quella vera, non possa prescindere dall'effettivo sforzo collaborativo di una squadra affiatata. Creatività e diversità costituiscono un'inscindibile sinergia, e quanto più gli apporti si presentano diversificati, come in questa struttura genomica indispensabile alla sopravvivenza, tanto più sorprendentemente fecondi e innovativi saranno i risultati.

La lezione che possiamo trarre dalla risposta ad Hashim Sarkis è che prima di rifiutare l'altro, in tutte le sue modalità, per ignoranza, dovremmo ascoltare attentamente e cercare di comprendere: una pluralità ricca di diversità ci offrirebbe un aiuto tra i più efficaci per superare i momenti di maggiore difficoltà non solo in ambito individuale ma anche collettivo.

until Ewan Birney decoded its vocabulary, finding the far more appropriate metaphor 'jungle DNA'. The scholar explains that, when you are in a jungle full of unknowns and you are trying to hack your way to reach a certain solution, it is quite easy to feel lost. And, in this regard, he adds a further note, which we should treasure, that: "people should understand that even if finding out how much you don't know may seem regressive and frustrating, identifying the gaps is really positive."

There are similarities that connect the famous biologist and Heliopolis 21: the belief that doubt should never leave us but tirelessly feed our search for knowledge and that knowledge, real knowledge, is difficult to be achieved without an effective team's effort. Creativity and diversity develop an inseparable synergy, and the more diversified the contributions are, as in this genomic structure indispensable for survival, the more surprisingly fruitful and innovative the results will be. The lesson that we can deduce from the answer to Hashim Sarkis is that before rejecting the 'other', in the most variegated guises, out of ignorance, we should listen carefully and try to understand: a plurality full of diversity would offer us a precious help, in overcoming moments of greatest difficulty, not only individually but also collectively.

Virginia Cucchi

Cyberwall

17a Biennale di Architettura di Venezia

17th Venice International Architecture Exhibition

progetto/design Heliopolis
21 Architetti Associati
partnership
Granitifiandre SpA
committente/client DG Arte
Contemporanea, Ministero
della Cultura, Roma
data progetto/design date
2019/2021
**data realizzazione/
construction date** 2021

Installazione curatoriale
Cyberwall, dettaglio disegno

*Curatorial installation
Cyberwall, drawing detail*

Affrontare il percorso del Padiglione, che si snoda tra entità strane e sconosciute, è avvincente e forse anche un poco intimorente: le sollecitazioni sono veramente tante, una sorta di provocazione continua per una curiosità che rimane inappagata e ansiosa di capire, una vera e propria sfida per la propensione abbastanza diffusa a coltivare visioni deterministiche, dispensatrici di certezze e rassicuranti conferme. Queste convinzioni predefinite allentano poco alla volta i nodi che strettamente le avvinghiano e i giochi del nostro pensiero si alternano in un flusso continuo di energia che si

A walk through a Pavilion, inhabited by unknown and unfamiliar creatures, is a compelling and even a little intimidating experience: many solicitations continuously provoke our curiosity but, unsatisfied, we remain anxious and eager to know more: a real challenge for a common, widespread tendency to cultivate deterministic visions, reassuring confirmations and perspectives. These predefined absolute, indisputable certainties gradually release those knots that tightly entangle them, and our thoughts alternate in a continuous flow of energy generated in between doubts and

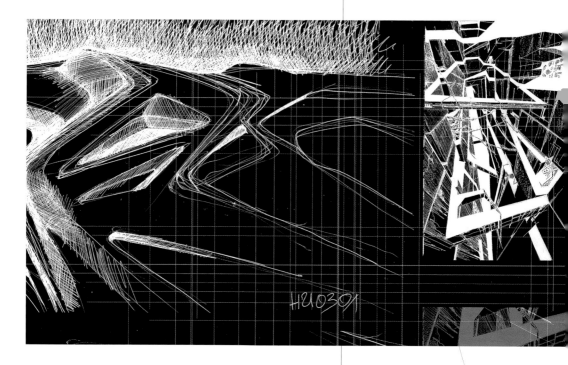

genera tra inviti al dubbio e situazioni che stimolano a riconsiderare certi nostri caposaldi. Ci troviamo di fronte a una moltitudine di interconnessioni, ramificazioni, a una coesistenza, per la quale ci sentiamo poco preparati, con esseri estranei di cui non riconosciamo le fattezze, "un mondo annodato di materia vibrante, dove tutti i corpi, gli elementi e le specie sono inestricabilmente invischiati in una rete di relazioni" (Jane Bennett).

È durante questa esplorazione che la nostra vista arriva a un punto in cui viene ostruita da un grosso monolite, completamente nero e disposto

stimuli. We are confronting a complexity of interconnections, ramifications, a coexistence, for which we feel poorly prepared, with foreign beings, whose features we do not recognize, "*a knotted world of vibrant matter, where all bodies, elements and species are inextricably enmeshed in a network of relations,*" Jane Bennett.

It is during this exploration that we reach a point where our sight is obstructed by a large, completely black monolith, arranged transversely, cutting the exhibition space like a real wall. The monolith embodies a very strong value. Its lapidary nudity has often been used

Pagina precedente
Installazione curatoriale
Genoma: "*Genoma prende
spunto dalla biologia
dell'evoluzione che considera
la capacità della natura di
evolversi e adattarsi ai
cambiamenti e alle sfide che
le si pongono di fronte,
applicabile con successo
anche al campo
dell'architettura.
L'espressività delle immagini
manifesta, attraverso
l'attivazione del pensiero
associativo, la volontà di
suscitare un dibattito sui temi
dell'architettura radicale,
della distopia e dell'utopia*"
(A. Melis)

Previous page
Curatorial installation
Genome: "*Genome takes its*
cue from the biology of
evolution which considers the
ability of nature to evolve and
adapt to the changes and
challenges it faces, which can
also be successfully applied
to the field of architecture.
The expressiveness of the
images manifests, through
the activation of associative
thought, the will to provoke a
debate on the themes of
radical architecture, dystopia
and utopia " (A. Melis)

progetto/design Heliopolis
21 Architetti Associati, Liam
Donovan-Stumbles, Pnat
con/with Alberto Favretto,
Dzhumhur Gyokchepanar.

trasversalmente, che taglia l'area come
un vero e proprio muro. Il monolite ha
sempre avuto una valenza molto forte: la
sua lapidaria nudità è stata spesso
utilizzata per rappresentare epiche
transizioni nella storia dell'evoluzione
umana, caratterizzate da salti cognitivi.
Lo scenario graffiante, inciso sulla lastra
cosparsa di inchiostro da tratti nervosi
ed asciutti, ci lascia sconcertati e non
ritroviamo indizi che ci permettono di
intendere se la narrazione riguardi un
contesto primordiale o una progressiva,
lenta devastazione ambientale che
abbia gradualmente eroso e
desertificato la superficie del pianeta.
L'uomo non appare ma si notano inusuali
strutture, imponenti agglomerati
polimorfi, che lasciano intuire l'esistenza
di colonie diverse da quelle animali.
Il buio di un fluido denso magma
pervade la nostra mente e quell'enorme
insetto che avanza lentamente ma
incessantemente s'impadronisce di noi e
ci sentiamo trascinati entro la desolata
distesa su cui si muove. Vibrazioni
inquietanti s'impossessano di noi ed è
impossibile esimersi dal sentirsi parte
attiva del racconto: ci troviamo
disorientati e sono tanti i perché che ci
assalgono. Anche se volessimo
ostentare di essere emotivamente
distaccati e indifferenti, verremmo traditi
dalla superficie lucida, leggermente
riflettente della parete che, trattenendo
le nostre sembianze, denuncia
inesorabilmente la nostra responsabilità.
È arrivato il momento di valutare quale
parte di colpa abbiamo rispetto alle
gravi ripercussioni climatiche ed
ambientali in atto, quali preclusioni ci
abbiano impedito di ascoltare voci
autorevoli, con totale noncuranza di una
primaria, vitale esigenza di coesistenza
con la diversità.
La creatività di Heliopolis 21, concepito
questo emblematico segno totemico,
con l'impatto aggressivo della sua vena
visionaria provoca questo dibattito, che

to symbolize epic transitions in the
history of human evolution,
characterized by cognitive leaps. The
scratchy scenario engraved on the
ink-strewn surface with nervous and dry
traits leaves us disconcerted and we find
no clues that let us understand whether
the narration concerns a primordial
context or a progressive, slow
environmental devastation that has
gradually eroded and turned into desert
the surface of the planet. Man does not
appear but unusual structures, massive
polymorphic agglomerates suggest the
existence of colonies other than those of
animals.
The darkness of the fluid dense magma
pervades our mind and that huge insect,
that slowly but relentlessly advances,
grabs us and we are dragged into that
desolate expanse on which it moves.
Disturbing vibrations takes over us and it
is impossible not to be involved in the
story: we are disoriented and many
questions assail us. Even if we wanted to
flaunt indifference, being emotionally
detached, we would be betrayed by the
shiny, slightly reflective surface of the
wall which, by retaining our image,
inexorably denounces our
responsibilities.
The time has come to reevaluate which
part of the blame we have towards
serious climatic and environmental
repercussions underway, what
preclusions have prevented us from
listening to authoritative voices, with
total disregard of a primary, vital need
for coexistence with diversity. The
creativity of Heliopolis 21, expressed in
the conception of this emblematic
totemic sign, is with the aggressive
impact of a visionary force that pushes
us to this debate all along our walk
across the Pavilion.
The atmosphere is saturated with
contaminations from all those
representative forms in the past often
relegated to secondary artistic role,

Installazione curatoriale
Cyberwall, dettaglio disegno

Curatorial installation
Cyberwall, *drawing detail*

si svolgerà lungo tutto il cammino. L'atmosfera è satura di contaminazioni, come quelle offerte da forme espressive e rappresentative che in passato sono state spesso relegate a un ruolo secondario: linguaggi appartenenti al mondo della comunicazione di massa, fumetti, videogame, musica e cinema, dotati di potenti strategie, che in molte occasioni hanno saputo anticipare contraddizioni e paradossi di città e ambienti insostenibili. Affidandosi a futuristiche, catalizzanti e inquietanti ricostruzioni tante volte ci hanno coinvolto nei loro deliranti incubi, conducendoci attraverso le sfaccettature di un moderno disagio, della disuguaglianza e dei fallimenti di una società e di un mondo costruito, sollevando dubbi etici ed estetici.

Una polifonia di voci, concertate sulle note di un vero e proprio apprezzamento dell'altro in cerca di un dialogo più globalizzato, di prospettive più ampie e nuove interazioni. Transdisciplinarietà condivisione e inclusione accompagnano il corso di questo viaggio, facendo maturare ripensamenti e innescando un'evoluzione verso il cambiamento, insegnandoci che più abbracciamo la diversità, più la nostra società sarà creativa e resiliente.

means of language belonging to the world of mass communication, comics, video games, music and cinema, endowed with poignant, eloquent and strategic tools able to divulge messages and catalyze attention, anticipating on many occasions contradictions and paradoxes of cities and unsustainable environments. Relying on powerful and disturbing futuristic reconstructions, they have often involved us in their delusional nightmares, leading us through the facets of modern discomfort, inequality and failures of a society and a built world, raising ethical and aesthetic doubts.

A polyphony of voices, concerted to notes of a real appreciation of the other, in search for a more globalized dialogue, broader perspectives and new interactions. Transdisciplinarity, sharing and inclusion, accompany the course of this journey, maturing rethinking and triggering an evolution towards change, teaching us that the more we embrace diversity, the more creative and resilient our society will be.

Eric Goldemberg

Laboratorio Borboletta
Buenos Aires, Pisa, Miami, Venezia

Borboletta Series
Buenos Aires, Pisa, Miami, Venice

BORBOLETTA 0.1
luogo/location La Usina del Arte, Buenos Aires
progetto/design Alessandro Melis/Heliopolis 21 e/and Eric Goldemberg + Veronica Zalcberg/MONAD Studio con/with Jumhur Gokchepinar/University of Portsmouth, Francesco Lipari/OFL Architecture
realizzazione/fabrication team Jorge Cereghetti con gli studenti di architettura al/with students of architecture at UADE Labs, Buenos Aires
data progetto/design date 2019

BORBOLETTA 0.2
luogo/location Washington Gallery - Miami Beach Urban Studios, Miami e/and Padiglione Italia, Biennale di Venezia
progetto/design Alessandro Melis/Heliopolis 21 e/and Eric Goldemberg + Veronica Zalcberg/MONAD Studio con/with Jumhur Gokchepinar/University of Portsmouth
progetto e realizzazione/design and fabrication team Randy Ross Verdasquera, Clifford Salnave, Renzo Lopez, Julian Ramire
data progetto/design date 2020-2021

Borboletta è un *mobile living lab* urbano e un progetto di ricerca sull'integrazione tra microbiologia, biodiversità e architettura finalizzato alla costruzione di un nuovo paradigma urbano inteso come ecosistema piuttosto che come artificio.
In *Borboletta* l'interesse per il campo del design attento al clima diventa uno strumento per discutere del tessuto urbano e del suo rapporto con la troposfera al fine di trasformare le città in virtuosi sistemi aperti che reagiscano al cambiamento climatico. Inoltre, una radicale riconfigurazione spaziale dell'ambiente costruito, basata sul prototipo di *Borboletta*, può offrire opportunità sia per uno sviluppo/trasformazione positiva, dall'attuale "metabolismo" energetico intensivo verso la produzione di energia attraverso biomasse, sia per la concettualizzazione di un rivoluzionario progetto di biodiversità.
Borboletta non è un oggetto unico e riconoscibile. È invece inteso come parte di paesaggi ibridi generati da specifiche variazioni del *continuum* urbano, che coinvolge anche processi autopoietici finalizzati all'adattamento a condizioni ambientali estreme.
Questo è il primo passo di una ricerca in corso finalizzata alla costruzione di moduli ripetibili per una colonizzazione a circuito chiuso della sfera urbana finalizzata anche alla "terraformazione". *Borboletta* non è quindi un fenotipo, ma una crisalide geneticamente modificata

Borboletta is a mobile urban living lab and research project on the integration between microbiology, biodiversity and architecture aimed at the construction of a new urban paradigm intended as an ecosystem rather than an artifice.
In *Borboletta* the interest in the field of climate sensitive design becomes an instrument to discuss the urban fabric and its relationship with the troposphere in order to transform the cities in virtuous open systems reacting to the climate change. Moreover, a radical spatial re-configuration of the built environment based on the *Borboletta* prototype can offer opportunities for the positive development/transformation of the current energy intensive metabolism into biomass power generation as well as for the conceptualization of a revolutionary biodiversity design.
Borboletta is not an object, a unique and recognizable item. It is instead intended as a part of hybrid landscapes generated by specific variations of the urban continuum, also involving autopoietic processes aimed at adaptation to extreme environmental conditions.
This is the first step of an ongoing research aimed at the construction of repeatable modules for a closed loop colonization of the urban sphere also aimed at terraforming.
Borboletta is therefore not a phenotype, but a genetically modified chrysalis meant as an evolving organism, linking

Borboletta a Miami/Venezia, installazione sonora: la struttura opera contemporaneamente come supporto espositivo per molteplici organismi e come incarnazione dei modelli di crescita reticolare tipici della barriera corallina

Borboletta *in Miami/Venice, Sonic Installation: the structure operates simultaneously as display support for multiple organisms and as embodiment of the patterns of reticular growth typically found in coral reef*

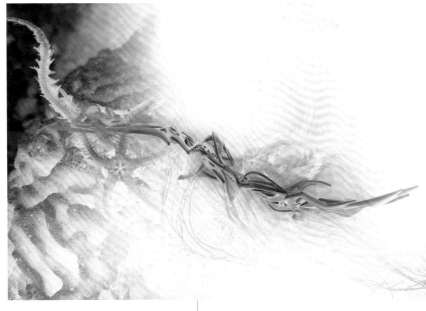

Borboletta a Miami/Venezia, installazione sonora: l'articolazione formale della struttura di supporto per *Borboletta* consiste in una serie di unità-frame articolate in modo fluido che proliferano in staccato, evocando l'affetto dei ritmi percettivi che operano nella mente subconscia dello spettatore

Borboletta *in Miami/Venice, Sonic Installation
The formal articulation of the support structure for Borboletta consists of a series of smoothly articulated unit-frames that proliferate in staccato, evoking the effect of perceptual rhythms that operate in the subconscious mind of the viewer*

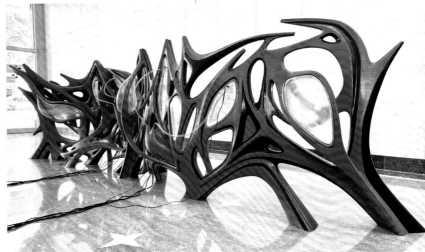

intesa come un organismo in evoluzione, che collega l'allevamento di cellule di muffa melmosa a ape-*topoi* alla micro scala, consentendo interazioni eco sistemiche e mettendo in discussione le dicotomie artefatto-natura convenzionali.

slime mold cell-farming to bee-topoi at the micro scale, enabling eco-systemic interactions, and questioning conventional artefact-nature dichotomies.

Installazione curatoriale *Spandrel*: "*Ulteriore esempio di contaminazione interdisciplinare è l'installazione curatoriale* Spandrel, *un prototipo a metà tra un'architettura e un organismo vivente, realizzata in collaborazione con l'Orto Botanico di Padova […] Spandrel è il termine usato da Stephen Jay Gould, lo scienziato che ha rivoluzionato la tassonomia della biologia evoluitva, per indicare il potenziale evolutivo della diversità, variabilità e ridondanza delle strutture creative. Il termine è ispirato ai pennacchi della cupola della Basilica di San Marco a Venezia*" (A. Melis)

Curatorial installation Spandrel: "*Another example of interdisciplinary contamination is the curatorial installation* Spandrel, *a prototype halfway between an architecture and a living organism, created in collaboration with the Botanical Garden of Padua.* Spandrel *is the term used by Stephen Jay Gould, the scientist who revolutionized the taxonomy of evolutionary biology, to indicate the evolutionary potential of the diversity, variability and redundancy of creative structures. The term is inspired by the pendentives of the dome of the Basilica of San Marco in Venice*" (A. Melis)

progetto/design Heliopolis 21 Architetti Associati, Liam Donovan-Stumbles, Pnat **con/with** Monica Battistoni, Patryk Ciemierkiewicz, Dzhumhur Gyokchepanar.

Borboletta a Buenos Aires

Borboletta è un'installazione sonora con organismi viventi sviluppata per la mostra collettiva FEEDback alla 17a Bienal Internacional de Arquitectura de Buenos Aires, curata da Eric Goldemberg.

Borboletta è composta da 4 entità integrate che rappresentano gli ingredienti essenziali di un futuro ecosistema resiliente: una struttura di ponteggio variabile che permette l'interazione con il corpo umano, la sensorialità, rappresentata dall'integrazione sonora (due chitarre stampate in 3D) e i sistemi di feedback Arduino, l'autosufficienza: habitat orientato alla proliferazione della biodiversità (sfere d'api), e alla responsività climatica del sistema, mediante espansione e contrazione di una massa acellulare di protoplasma gelatinoso strisciante contenente nuclei (Slime Mould).

Borboletta a Pisa

Borboletta è stata utilizzata in questo progetto come attivatore della biodiversità.

Il progetto presentato è la futura trasformazione della discarica di Legoli, a Peccioli, in un lago artificiale inteso come luogo in cui arte, tecnologia e sostenibilità si mescolano in un racconto sui trent'anni di resilienza del fenomeno Peccioli. L'installazione *Borboletta*, al centro del lago, rappresenta la sintesi del percorso culturale e del modello virtuoso di Peccioli.

Borboletta a Miami/Venezia

L'evoluzione del progetto – il cui nome *Borboletta* si riferisce metaforicamente al lasso di tempo effimero e accelerato della vita di una farfalla – si manifesta nell'installazione per Venezia, sviluppata in precedenza attraverso diversi progetti realizzati per Buenos Aires, Pisa e Miami, che incarnano il processo di crescita

Borboletta in Buenos Aires

Borboletta is a sonic installation with living organisms developed for the group exhibition FEEDback at the 17th Bienal Internacional de Arquitectura de Buenos Aires, curated by Eric Goldemberg.

Borboletta consists of 4 integrated entities representing the essential ingredients of a future resilient ecosystem: a variable scaffolding structure which allows interaction with the human body, the sensoriality represented by the sound integration (two 3Dprinted guitars) and the Arduino feedback systems, the self-sufficient habitat oriented to the proliferation of biodiversity (bee spheres), and the climate responsiveness of the system, through expansion and contraction of an acellular mass of creeping gelatinous protoplasm containing nuclei (Slime Mould).

Borboletta in Pisa

Borboletta has been used in this project as a biodiversity activator.

The project presented is the future transformation of the Legoli landfill, in Peccioli, into an artificial lake intended as a place where art, technology and sustainability are mixed in a story about the thirty years of resilience of the Peccioli phenomenon. The *Borboletta* installation, at the center of the lake, represents the synthesis of the cultural path and the virtuous model of Peccioli.

Borboletta in Miami/Venice

The evolution of the project—whose name *Borboletta* refers metaphorically to the ephemeral, accelerated timeframe of a butterfly's life—is manifested in the culminating installation for Venice, previously developed through several projects created for Buenos Aires, Pisa, and Miami which embody the growth

concepito per sfidare la nozione stessa di percezione del tempo e di durata in architettura.

La morfologia del progetto mira a introiettare le molteplici scale temporali, che la sua struttura ritmica sostiene ed esibisce simultaneamente, consentendo una profonda messa in discussione dell'identità rispetto alla durata. Questa intensificazione delle domande esistenziali su come percepiamo l'ambiente nel tempo si esprime attraverso gli oggetti contenuti nelle sue vetrine, finestre e biomi (insetti viventi, vari organismi marini in diversi stati di evoluzione e fossili della barriera corallina).

process envisioned to challenge the very notion of time perception and duration in architecture.

The morphology of the project aims to introject the multiple time scales, which its rhythmical structure simultaneously supports and exhibits, allowing for a deep questioning of identity versus duration. This intensification of the existential questions about how we perceive the environment in time is expressed via the objects contained in its vitrines, windows and biomes (living insects, various marine organisms in different states of evolution, and coral-reef fossils).

Borboletta a Buenos Aires:
La responsività climatica del
sistema è rivelata dalle tracce
dell'attività di espansione e
contrazione di una massa
acellulare di nuclei striscianti
di protoplasma gelatinoso
contenente (Slime Mold)
situata nelle finestre acriliche
ovali

Borboletta *in Buenos Aires:*
The climate responsivity
of the system is revealed
by the traces of the activity
of expansion and contraction
of an acellular mass
of creeping gelatinous
protoplasm containing nuclei
(Slime Mould) located
in the oval acrylic windows

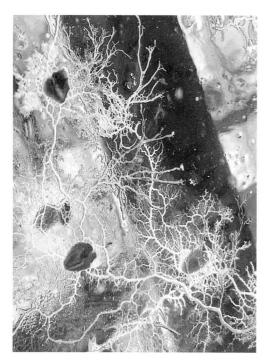
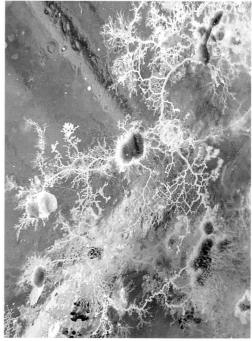

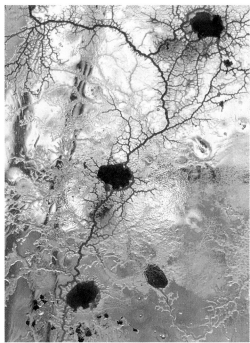

Camminare nella storia

Paolo Belardi

Nuovi spazi pedonali per la Perugia
del terzo millennio

Walking through History
New Pedestrian Spaces
for the Third Millennium in Perugia

responsabile scientifico
progetto di ricerca/scientific
responsible for research
project
Paolo Belardi
progetto galleria
archeologica ipogea/
underground archaeological
passage design
Belardi + Simone Bori/
HOFLAB, Perugia, Marco
Armeni + Fabio Bianconi +
Luca Martini/Università degli
studi di Perugia
progetto galleria energetica
vetrata/glass energy gallery
design
Wolf D. Prix + Andrea Graser
+ Giulio Polita/
COOPHIMMELB(L)AU Wolf
D. Prix & Partner ZT GmbH,
Wien, Heliopolis 21 Architetti
Associati (local Architects)
concept strutturale/
structural concept
Bollinger & Grohmann
Engineers, Frankfurt am Main
concept progettazione
energetica e impiantistica/
environmental, energy &
building services concept
Baumgartner GmbH,
Kippenheim
committente/client
Fondazione Cassa di
Risparmio di Perugia, Nova
Oberdan, Perugia
data progetto/design date
2010

La ricerca *Camminare nella storia*, affonda le proprie radici nella grande tradizione della città di Perugia: forse la prima città in Italia che, citando un'acuta notazione di Claudia Conforti, ha saputo "intuire e valorizzare le potenzialità funzionali dei suoi strati archeologici, affondati nel sottosuolo e perduti nell'oblio dello sguardo". Basti pensare alla risalita pedonale meccanizzata con rampe di scale mobili realizzata nel 1983 all'interno dei meandri crepuscolari della rocca Paolina. Ma, soprattutto, la ricerca *Camminare nella storia* affonda le proprie radici nella convinzione che il centro storico di Perugia (al pari di qualsiasi altro centro storico europeo) non sia un bene finito o limitato, ma sia un bene ampliabile: tanto culturalmente, mediante la promozione di ricerche storiche capaci di valorizzarne le componenti meno note (penso alle architetture postunitarie e littorie), quanto fisicamente, mediante la promozione di progetti capaci di inserire nei circuiti vitali cittadini le parti più obliate (penso al sottosuolo delle piazze e delle aree verdi residuali). Così è avvenuto nel caso specifico del Sopramuro: un'area al contempo centrale e marginale, cresciuta su se stessa per stratificazioni successive a seguito dell'erezione di un antemurale medievale che ha portato dapprima alla sostruzione di una piazza pensile aperta sul panorama della valle umbra e poi alla sovrapposizione di un edificio di straordinaria eleganza quale la sede dello *Studium Generale*. Un vero e proprio

The research *Camminare nella storia* [*Walking through History*] has its roots in the great tradition of the city of Perugia: perhaps the first city in Italy that, quoting an acute remark from Claudia Conforti, has been able to "intuit and enhance the functional potential of its archaeological layers, sunk deep underground and lost in the oblivion of the gaze." Just think of the mechanized pedestrian ascent with ramps of escalators built in 1983 within the twilight meanders of the Paolina fortress. But, above all, the research has sunk its roots in the belief that the historic center of Perugia (like any other European historical center) is neither a finite nor a limited asset, but it is a good that can be expanded: culturally, through the promotion of historical research capable of enhancing the lesser-known components (I am thinking of post-unification and lictorian architectures), as well as physically, through the promotion of projects capable of inserting the most forgotten parts into the vital circuits of the city (I am thinking of the subsoil of the squares and of residual green areas). As it happened in the specific case of Sopramuro: an area both central and marginal, grown on itself by successive stratifications following the erection of a medieval rampart which first led to the construction of a hanging square facing the panorama of the Umbrian valley and then to the superimposition of a building of extraordinary elegance, such

Il "Tetto Energetico" funge da pensilina lungo via Mazzini nel centro di Perugia e allo stesso tempo crea l'ingresso alla galleria archeologica sotterranea che attraversa la storia di Perugia. Il passaggio collega il centro città con la mini stazione della metropolitana Pincetto

The "Energy Roof" serves as canopy along Via Mazzini in the center of Perugia and, at the same time, creates the entry point to the hypogeal archaeological gallery leading through the history of Perugia. The passage connects the city center with the mini metro station, Pincetto

Il progetto del "Tetto Energetico" è sviluppato con l'obiettivo di generare energia per la città

The design of the "Energy Roof" is developed with the goal to generate energy for the city

fatto urbano che, a ben guardare, possiede una sua dignità figurativa (anche perché vi si sono accumulate le idee di grandi architetti: da Fra' Bevignate a Galeazzo Alessi fino a Ugo Tarchi) e che è, da sempre, vocato allo scambio commerciale (perché da sempre interstiziale tra città e campagna). Un fatto urbano che è stato, però, messo in crisi dalla realizzazione della linea del minimetro: un sistema di trasporto automatizzato che collega la città bassa con la città e che ha squadernato un equilibrio ambientale consolidato. Ciò è avvenuto sia perché questo intervento ha elevato a fronte ciò che era sempre stato un retro, sia perché ha ridotto l'antico *murus civitatis* da volano della pedonalità a ostacolo per la pedonalità.

as the headquarters of the *Studium Generale*. A real urban fact that, on closer inspection, has its own figurative dignity (also because great architects' ideas have accumulated there: from Fra Bevignate to Galeazzo Alessi up to Ugo Tarchi) and that is from always vocated to commercial exchange (because, since ever interstitial between city and countryside). An urban fact that has been, however, undermined by the construction of the minimetro line: an automated transport system that connects the lower town with the city and which has unraveled the consolidated environmental balance. This has happened both because this intervention has raised to the front what had always been a backside and

Da qui è nata l'idea d'intraprendere la ricerca *Camminare nella storia* con l'obiettivo dichiarato di sondare la possibilità di svuotare il terrapieno del Sopramuro e di attraversarlo con un passaggio pedonale fino a fuoriuscire sulla piazza al di sotto di una galleria vetrata sovrapposta a via Mazzini. Questo garantirebbe la possibilità di camminare nella storia millenaria di Perugia contaminando idealmente la solidità massiva delle vecchie mura etrusche con l'algida leggerezza di una nuova galleria hi-tech.

In verità l'idea in sé non era del tutto inedita. Da molto tempo infatti la città di Perugia accarezzava sia l'ipotesi di svuotare il terrapieno medievale convertendolo in spazio pedonale sia l'ipotesi d'introdurre una galleria urbana in pieno centro storico. Ma il carattere interdisciplinare dell'équipe messa in campo è stato assolutamente innovativo. Né d'altra parte avrebbe potuto essere diversamente, vista la complessità del luogo e vista la delicatezza del tema. Non a caso il progetto architettonico vero e proprio è stato preceduto da un'approfondita ricerca, finalizzata alla conoscenza profonda del luogo, che ha comportato indagini archivistiche, indagini bibliografiche, indagini iconografiche, indagini geotecniche, rilievi archeologici e rilievi architettonici. Ma *Camminare nella storia* era anche e soprattutto una ricerca applicata. Da qui la necessità d'integrare le competenze accademiche dei docenti coinvolti nell'ambito del personale docente dell'Università degli Studi di Perugia con le competenze professionali dello studio Heliopolis 21 di Pisa e dello studio Coop Himmelb(l)au di Vienna. Ed è stato proprio correlando i dati emersi dall'attività conoscitiva con i vincoli occasionali oltre che con gli obiettivi generali che è stato possibile mettere a punto un concept progettuale fondato su cinque azioni strategiche.

because it has reduced the ancient *murus civitatis* from a flywheel for pedestrians to an obstacle for pedestrian traffic. Hence, the idea of undertaking the research with the declared aim of probing the possibility of emptying the Sopramuro embankment and crossing it with a pedestrian passageway until it comes out onto the square below a glass gallery superimposed on Via Mazzini. This would grant the opportunity to walk through the millenary history of Perugia, ideally contaminating the massive solidity of the old Etruscan walls with the icy lightness of a new hi-tech gallery. In truth, the idea itself was not entirely new. For a long time, the city of Perugia has been fond of both the idea of emptying the medieval embankment by converting it into a pedestrian area and of introducing an urban gallery in the historic center. But the interdisciplinary nature of the team deployed was absolutely innovative. Nor could it have been otherwise, given the complexity of the place and the delicacy of the theme. It is no coincidence that the actual architectural project was preceded by in-depth research, aimed at a deep knowledge of the place, which involved archival investigations, bibliographic investigations, iconographic investigations, geotechnical investigations, archaeological and architectural surveys. But *Walking Through History* was also and above all an applied research. Hence the need to integrate the academic skills of the faculty members involved in the University of Perugia with the professional skills of the Heliopolis 21 studio of Pisa and the Coop Himmelb(l)au studio of Vienna. And it was precisely by correlating the data that emerged from the cognitive activity with the occasional restrictions as well as with the general objectives that it was possible to develop a design concept

Prima azione strategica: traslare le ultime rampe di scale mobili nel secondo arcone di via della Rupe per minimizzare gli interventi sulle murature medievali (ma anche per renderle più baricentriche rispetto all'edificio del Mercato coperto). Seconda azione strategica: conformare lo spazio ricavato in luogo del terrapieno come galleria archeologica ipogea per rimarcarne il ruolo d'infrastruttura pedonale (ma anche per non sminuire il ruolo della piazza superficiale).

Terza azione strategica: adottare nella galleria archeologica ipogea soluzioni strutturali duttili per adeguarle con facilità a ulteriori possibili rinvenimenti archeologici (ma anche per creare un *climax* piranesiano).

Quarta azione strategica: diffondere e diversificare i collegamenti tra la galleria archeologica ipogea e la piazza superficiale per non gerarchizzare i percorsi (ma anche per minimizzare i possibili problemi causati dal cantiere in corso d'opera). Quinta azione strategica: proteggere la fuoriuscita su via Mazzini con una copertura vetrata svincolata dagli edifici circostanti per garantirne la reversibilità (ma anche per amplificarne la spettacolarità e, con essa, l'attrattività).

Ciò che ne è scaturito è un vero e proprio ampliamento del centro storico: quasi una rivisitazione contemporanea del viaggio dantesco, laddove i flussi pedonali provenienti dal minimetro sono dapprima incanalati nell'enigmatica galleria archeologica ipogea progettata dall'équipe universitaria messa in campo dal Dipartimento di Ingegneria Civile e Ambientale dell'Università degli Studi di Perugia, quindi sono condotti all'aperto mediante un sofisticato sistema di passerelle-ascensori e, infine, sono accolti dal formidabile colpo scenico del cielo artificiale ideato da Heliopolis 21 e da Coop Himmelb(l)au.

based on five strategic actions.

First strategic action: move the last flights of escalators into the second arch of Via della Rupe to minimize interventions on the medieval walls (but also to make them more central with respect to the covered market building). Second strategic action: to shape the space created in place of the embankment as an underground archaeological passage to underline its role as a pedestrian infrastructure (but also not to diminish the role of the superficial square).

Third strategic action: to adopt structural flexible solutions in the underground archaeological passage in order to easily adapt them to further possible archaeological finds (but also to create a Piranesian climax).

Fourth strategic action: to spread and diversify the connections between the hypogeal archaeological gallery and the superficial square in order not to hierarchize the paths (but also to minimize the possible problems caused by the construction site in progress).

Fifth strategic action: to protect the spillway on Via Mazzini with a glass roof released from the surrounding buildings to ensure its reversibility (but also to amplify its spectacularity and, with it, its attractiveness).

What resulted is a real extension of the historic center: almost a contemporary reinterpretation of Dante's journey, where the pedestrian flows coming from the minimetro line are first channeled into the enigmatic underground archaeological passage designed by the university team fielded by the Department of Civil and Environmental Engineering of the University of Perugia, then they are conducted outdoors via a sophisticated system of walkways elevators and, finally, they are welcomed by the formidable scenic shot of the artificial sky conceived by Heliopolis 21 and by Coop Himmelb(l)au.

ARCHITETTURE

ARCHITECTURES

Barbora Foerster

Architetture dinamiche
Polo fieristico e nuovo Palasport
di Riva del Garda, Trento

Dynamic Architectures
Exhibition Center and New Sports Hall
in Riva del Garda, Trento

progetto/design
Heliopolis 21 Architetti
Associati,
COOPHIMMELB(L)AU,
Wolf D. Prix & Partner ZT
GmbH, Wien, ARX srl,
Firenze
**consulenza strutturale/
structural design
consultancy** Michelon
Ingegneria e Architettura,
Valternigo di Giovo (TN)
**consulenza impianti
meccanici e antincendio/
mechanical and plumbing
design consultancy and
firefighting system design**
Unitec Group s.r.l., Trento
**consulenza impianti
elettrici/electrical design
consultancy** Studio Tecnico
Per. Ind. Cesare De Oliva,
Rovereto (TN)
committente/client
Patrimonio del Trentino s.r.l.,
Trento
data progetto/design date
2014/2016

Ampliamento del Polo
fieristico e nuovo Palasport,
vista d'insieme e nuovo
fabbricato posto a ovest
dell'edificio preesistente

*Extension of the Exhibition
Center and New Sports Hall,
overall view and new building
located to the west of the
existing building*

Risale ad un concorso di idee del 2006 l'idea progettuale del Polo fieristico e nuovo Palasport di Riva del Garda. Successive evoluzioni dell'idea progettuale iniziale hanno prodotto l'attuale configurazione che si caratterizza per i due separati fulcri edilizi della Fiera e del Palasport. Si tratta di uno sviluppo sinergico, costituito da corpi di fabbrica autonomi, uniti idealmente dai rivestimenti delle facciate (metallico per i fronti, nuovi e 'vecchi', della Fiera e in grès per il Palasport), veri e propri elementi caratterizzanti l'intero complesso edilizio, sia dal punto di vista funzionale che da quello estetico.

L'ampliamento del Polo fieristico verrà realizzato con l'edificazione di un nuovo fabbricato posto a ovest dell'edificio preesistente che si svilupperà su quattro piani fuori-terra e culminerà con un ristorante panoramico. Il complesso, dotato anche di uffici, punti ristoro e bar, permetterà di ampliare notevolmente gli spazi fieristici esistenti e contribuirà alla creazione di un polo culturale di alto livello anche grazie alla realizzazione, nell'area prospicente, del nuovo Palazzetto dello Sport. La concezione architettonica del progetto dei nuovi edifici e del rivestimento pensato per l'ampliamento del Polo fieristico e per i padiglioni espositivi già esistenti, a rappresentare un *unicum* fra vecchio e nuovo, nasce dalla volontà di creare elementi iconici che si inseriscano dinamicamente nello scenario urbano

The design idea of the Exhibition Center and the New Palasport in Riva del Garda dates back to a 2006 design competition.

Subsequent evolutions of the initial design idea have produced the current configuration which consists of the two separate building hubs of the fair and the sports hall. It is a synergistic development, made up of autonomous building bodies ideally joined by the facade coverings (metallic for the fronts of the fair, new and 'old' buildings, and in stoneware for the sports hall), real elements functionally and aesthetically characterizing the entire building complex.

The extension of the Exhibition Center will be carried out through a new building located to the west of the existing building which will develop on four floors above ground and will culminate with a panoramic restaurant. The complex, also equipped with offices, refreshment points and cafes, will greatly expand the existing exhibition spaces and will contribute to the creation of a high-level cultural center also considering the construction, in the overlooking area, of the new sports hall. The architectural idea of the project of the new buildings and of the cladding that will envelop the expansion of the Exhibition Center and the existing exhibition pavilions, to represent a *unicum* between old and new, stems from the desire to create iconic elements that dynamically fit into

La "pelle" che avvolge il Polo fieristico è ottenuta per mezzo di superfici metalliche in laminato e lamiera stirata che riflettono la luce in molteplici direzioni, generando cambiamenti ottici nell'arco della giornata

The "skin" that surrounds the Exhibition Center is obtained by means of metal surfaces in laminate and expanded metal that reflect light in multiple directions, generating optical different visions throughout the day

Ampliamento del Polo fieristico e nuovo Palasport, vista d'insieme. I corpi di fabbrica autonomi sono uniti idealmente dai rivestimenti delle facciate metalliche per i fronti della Fiera e in grès per il Palasport

Extension of the Exhibition Center and New Sports Hall, overall view: the autonomous building bodies are ideally joined by the facade coverings: metallic for the fair buildings and stoneware for the sports hall

Nuovo Palasport, dettaglio
del foyer di ingresso, il
complesso potrà essere
utilizzato per eventi sportivi
di alto livello, ma anche per
spettacoli e concerti

*New Sports Hall, detail of the
entrance foyer, the complex
can be used for high-level
sporting events, but also for
shows and concerts*

come protagonisti di fronte a un paesaggio eterogeneo. L'aspetto dinamico, chiaramente riconoscibile sulla 'pelle' che avvolge il Polo fieristico, è ottenuto per mezzo di superfici metalliche in laminato e lamiera stirata che riflettono la luce in molteplici direzioni, generando cambiamenti ottici nell'arco della giornata.

La concezione architettonica del Palasport non fa che reiterare, enfatizzandola, la narrativa estetica della Fiera, pur nella differente funzione; qui verranno accolti oltre 3.000 spettatori ed eventi sportivi di elevato rilievo nazionale fra cui pallacanestro, pallavolo e pallamano, oltre a spettacoli e manifestazioni espositive in sinergia con gli edifici fieristici adiacenti. Il progetto del Palasport, non meno iconico della Fiera, ripropone analogo dinamismo, chiaramente riconoscibile dalla geometria generale esterna dell'edificio, che ritroviamo coerentemente anche all'interno, dove si sviluppa attraverso le ampie superfici esterne in grès che richiamano, con la loro *texture* lapidea, l'alta cortina montuosa che sovrasta l'intero complesso.

Il progetto, caratterizzato da un unico corpo di fabbrica si svilupperà su tre livelli. Dal foyer, collocato a piano terra, si potrà accedere al guardaroba, alle tribune, ai punti ristoro, a una rampa di scale che consentirà l'accesso al primo piano, dove si svilupperanno ambienti di rappresentanza, direttamente affacciati sul campo da gioco.

the urban scenario as protagonists in front of a heterogeneous landscape. The dynamic appearance, clearly recognizable by the 'skin' that surrounds the Exhibition Center, is obtained by means of metal surfaces in laminate and expanded metal that reflect light in multiple directions, generating optical different visions throughout the day.

The architectural conception of the sports hall does nothing but reiterate and emphasize the aesthetic narrative of the fair, albeit in its different function; over 3,000 spectators and sporting events of high national importance will be hosted here, including basketball, volleyball and handball, as well as shows and exhibitions in synergy with the adjacent exhibition buildings. The design of the sports hall, no less iconic than the fair, proposes a similar dynamism, clearly evident from the general external geometry of the building, which we find consistently also inside, develops through the large external stoneware surfaces that recall, with their stone texture, the high mountain curtain that overlooks the entire complex.

The project, featuring a single building, will be developed on three levels. From the foyer, located on the ground floor, you will be able to access the cloakroom, the stands, the refreshment points, and the stairs ramp that will allow access to the first floor, where representative areas will be developed, directly overlooking the playing field.

Paolo Di Nardo

Evidence-Based Design
L'Ospedale di Neuropsichiatria Infantile Stella Maris di Pisa

Stella Maris Children's Neuropsychiatry Hospital in Pisa

progetto architettonico/ architectural design
Heliopolis 21 Architetti Associati, ARX srl, Firenze
progetto impiantistico/MEP design Studio Technè s.r.l., Lucca
progetto strutture/structural design Studio Tecnico Bartelletti, Pisa
committente/client
Fondazione Stella Maris IRCCS Istituto di ricovero e cura a carattere scientifico, Pisa
data progetto/design date
2016/2020

Esterni: prospetto principale su via Bargagna

Exteriors: main elevation on Via Bargagna

La progettazione di un luogo così articolato e multidisciplinare non può che partire dalla consapevolezza del senso e del valore della salute come benessere e non come "assenza di malattia" per inoltrarsi meglio in un mondo complesso e sempre pronto a rigenerarsi attraverso la scienza. Già nel 1948 l'Organizzazione Mondiale della Sanità (OMS) ha infatti definito la salute come "uno stato di completo benessere fisico, psichico e sociale e non la semplice assenza di malattia".
Fermo restando questo primo fondamento che lega l'architettura alla cura, alla salute, alla sofferenza e a tutti gli aspetti sociali e psicologici ad esse correlati, l'approccio dei designers è stato sempre caratterizzato da un confronto multidisciplinare ampio a seguito del quale il lavoro del

The design of such an articulated and multidisciplinary place cannot start from the awareness of the meaning and value of 'health' as wellbeing and not as 'absence of disease' to better advance into a complex world that is always ready to regenerate itself through. However, in 1948 the World Health Organization (WHO) defined health as "a state of complete physical, mental and social well-being and not merely the absence of disease."
Without prejudice to this first foundation that binds architecture to care, health, suffering and all social and psychological aspects related to them, the approach of the designers has always been accompanied by a broad multidisciplinary confrontation in which the work of the designer becomes a sartorial synthesis of expectations,

progettista diventa sintesi sartoriale di aspettative, esperienze, ricerche, conoscenze tecnologiche e di bisogni n continua evoluzione anche in relazione alle differenze generazionali dei soggetti che abitano questi spazi. Progettare spazi per la cura di un bambino, per esempio, vuol dire innanzitutto allontanarsi da una prospettiva "adultocentrica"[1] verso un'ottica che consideri le reali capacità di comprensione e di comunicazione del bambino.

La concezione del nuovo Ospedale di Neuropsichiatria Infantile Stella Maris a Pisa parte, prima ancora che definirne le funzioni e le quantità spaziali, da un lavoro multidisciplinare che ha messo al centro dell'ideazione non solo il bambino, ma soprattutto la famiglia di cui è parte indissolubile, proprio per

experiences, research, technological knowledge and needs in continuous disciplinary evolution, also in relation to generational differences of the subjects who inhabit these spaces. Designing spaces for the care of a child means, first of all, moving away from an 'adult-centric' perspective[1] towards a perspective that considers the child's real ability to understand and communicate.

The conception of the new Stella Maris Children's Neuropsychiatry Hospital in Pisa starts, even before the definition of its functions and spatial quantities, from a multidisciplinary work that has placed at the center of the design not only the child, but above all the family of which it is an indissoluble part, just to orient the search of the final design towards the value of normality. In Stella Maris, every

Esterni: prospetto rivolto verso via Cisanello e le aree verdi

Exteriors: elevation facing Via Cisanello and the green areas

Interni: dettaglio spazi distributivi che si affacciano sul giardino del terzo piano

Interiors: detail of distribution spaces that overlook the garden on the third floor

orientare la ricerca del design finale verso il valore della normalità. In Stella Maris ogni luogo è pensato per non interrompere una "normalità" di comportamenti quotidiani, di percezione degli spazi, per alleggerire il divario non solo sensoriale, ma fisico fra gli spazi interni (sofferenza) e la realtà esterna (felicità). Per questo motivo i bambini sono accolti in atmosfere ludiche e continui stimoli percettivi legati al gioco sono predisposti sia negli spazi comuni, sia negli spazi del contatto con il personale medico. Per i familiari sono stati predisposti uno spazio multireligioso per la preghiera, una palestra, uno spazio sauna e benessere, nell'ampio parco che circonda l'ospedale, dove sono presenti aree di sosta, colori e profumi sempre diversi a seconda delle stagioni.

Un altro elemento compositivo importante, che lega l'insieme ospedaliero, è, infatti, la Natura. La Natura è il filo conduttore alla base della

place is designed not to interrupt a 'normality' of daily behaviors, of perception of spaces, with the aim of lightening the gap, not only sensory, but physical, between internal spaces (suffering) and external reality (happiness). For these reasons, children are welcomed into playful atmospheres and continuous perceptual stimuli linked to play are provided both in the common areas, as in the spaces of contact with medical staff. For the family members, a multi-religious space for prayer, a gym, a sauna and wellness area, have been arranged in the large park that surrounds the hospital where there are areas of rest, colors and scentsalways different according to the seasons.

Another important compositional element, which binds the hospital as a whole, is, in fact, Nature. The Nature is the common thread that accompanies the entire paediatric structure according to the concept of 'therapeutic

Esterni: dettaglio della hall
di ingresso

*Exteriors: detail of the
entrance hall*

concezione dell'intera struttura pediatrica secondo il concetto di "architettura terapeutica", mutuato dall'Evidence-Based Design. Già dall'ingresso in ospedale, che costituisce il primo fattore stressogeno dell'ospedalizzazione, il visitatore è accolto da 'alberi strutturali' e dalla grande scala centrale che evoca e si fa metafora del DNA, a testimonianza della avanzata ricerca in campo sociale e nella progettazione. La *Guided Imagery* come tecnica non farmacologica di rilassamento pervade l'intero sistema ospedaliero che diventa, come lo definisce Leora Kuttner, psicologa statunitense esperta in terapia del dolore, il "posto del cuore".

[1] J. Piaget, *La rappresentazione dello spazio nel bambino*, 1947.

architecture', borrowed from Evidence-Based Design. Already from the entrance to the hospital, which constitutes the first stressor of hospitalisation: the visitor is greeted by 'structural trees' and the large central staircase, that evoke and become a metaphor for DNA, as evidences of advanced research in social and design. Guided Imagery, as a non-pharmacological relaxation technique pervades the entire hospital system which becomes, as defined by Leora Kuttner, an American psychologist and expert in pain therapy, the "place of the heart."

[1] J. Piaget, *The Childs Conception of the World*, 1947.

Interni: dettagli della hall
di ingresso

*Interiors: details of the
entrance hall*

Interni: dettagli scala
principale, area di accesso
SPA, camere di degenza
e chiesa

*Interiors: details main
staircase, SPA access area,
hospital rooms and church*

Ilaria Fruzzetti

SR1938 Polo della Memoria
Università degli Studi di Pisa

SR1938 Memory Pole
University of Pisa

**progetto architettonico/
architectural design**
Heliopolis 21 Architetti
Associati, ARX srl, Firenze,
Diener & Diener Architekten,
Basel
**progetto strutturale/
structural design** AEI
Progetti s.r.l., Firenze
**progetto impiantistico/MEP
design** Obermeyer Planen +
Beraten GmbH, Munich
committente/client
Università degli Studi di Pisa
data progetto/design date
2006/2009
**data realizzazione/
construction date** 2015/2020
foto/photos Andrea Testi
Fotografo, Alessandro
Gonnelli

Esterni: angolo via Nicola
Pisano-via Risorgimento
e prospetto su via Nicola
Pisano

*Exteriors: corner Via Nicola
Pisano-Via Risorgimento
and elevation on Via Nicola
Pisano*

Il nuovo Polo Universitario SR1938, con una superficie lorda di progetto di 3.043 mq e un volume costruito di 13.082 mc, ospita le Aree di Umanistica e Biologia dell'Università degli Studi di Pisa ed è posto all'angolo tra via Risorgimento e via Nicola Pisano, su un'area oggetto di una profonda bonifica ambientale per conseguire un progetto di rigenerazione urbana. Quattro volumi interconnessi tra loro con altezze differenti ognuno con funzioni distinte, aule dell'Area Umanistica, Vestibolo di ingresso, Auditorium, laboratori dell'Area Biologica. Il Polo contempla un involucro esterno avente funzione strutturale, in calcestruzzo armato a vista realizzato con una miscela di inerti e posato in opera tramite un sistema di casseratura a mensole rampanti e pannello fenolico interno per rendere omogenea la superficie per cicli di getto successivi, sabbiato, lavato e trattato con una finitura protettiva antigraffito. L'edificio è dotato di un sistema geotermico misto costituito da due pozzi geotermici di resa e uno di presa integrati a trentotto sonde in grado di garantire raffrescamento estivo e riscaldamento invernale, limitando al massimo il consumo e la dispersione termica dell'edificio, ottimizzando il sistema microclimatico interno.
Diverso dagli altri edifici, entra nelle strade su cui si affaccia con eleganza e rispetto: la grande finestra su via Risorgimento è un occhio vigile e

The new SR1938 University Centre with a gross project area of 3,043 m^2 and a built volume of 13,082 m^3, houses the Areas of Humanities and Biology of the University of Pisa and is located at the corner of Via Risorgimento and Via Nicola Pisano, in an area that has undergone extensive environmental reclamation to achieve an urban regeneration project. There are four interconnected volumes with different heights each with distinct functions, classrooms of the Humanities Area, Entrance Vestibule, Auditorium, Laboratories of the Biological Area. The Pole includes an external casing with a structural function, in exposed reinforced concrete made with a mixture of aggregates and laid in place through a rampant shelves and internal phenolic panel to make the surface homogeneous for successive jet cycles, sandblasted, washed and treated with a protective scratch-proof finish. The building is equipped with a mixed geothermal system consisting of two geothermal yield wells and one integrated outlet with thirty-eight probes able to guarantee summer cooling and winter heating, limiting as much as possible the consumption and thermal dispersion of the building, optimizing the microclimatic system indoor.
Different from the other buildings, it enters the streets on which it overlooks with elegance and respect: the large window on Via Risorgimento is a

103 / SR1938 Polo della Memoria

Esterni: prospetto
su via Risorgimento

*Exteriors: elevation
on Via Risorgimento*

attento sui passanti ai quali rimanda il piacere degli eventi all'interno dell'Auditorium. Non vi è un 'dentro' e un 'fuori' ma una condivisione dello spazio che si concretizza nella hall, la grande piazza pubblica coperta ma aperta a beneficio di tutta la comunità locale, che diviene così punto di connessione tra via Risorgimento e il giardino interno del Polo.

La resilienza funzionale dell'edificio attraverso l'impianto flessibile che consente adattamenti a esigenze diverse da quelle attuali, l'eliminazione di ogni elemento decorativo superfluo per ottenere un intervento economico coerente con la necessità di ottimizzare il ciclo di vita e l'energia incorporata, la consapevolezza dei valori sociali e della giustizia attraverso la commemorazione degli eventi legati alle leggi razziali e la scelta di un nome che richiamasse l'impegno da parte dell'Ateneo pisano preso in occasione dell'Anniversario degli 80 anni dalla firma delle Leggi razziali a Pisa nel 1938 nella villa presidenziale all'interno del Parco di San Rossore, sono alcuni degli aspetti che lo rendono unico nel suo genere.

watchful and attentive eye on passers-by to whom it refers the pleasure of events inside the Auditorium. There is not an 'inside' and an 'outside', but a sharing of the space that takes place in the lobby, the large public square that is covered but open for the benefit of the entire local community, thus becoming a connection point between Via Risorgimento and the internal garden of the Center.

The functional resilience of the building through the flexible system that allows adaptations to needs different from the current ones, the elimination of any superfluous decorative element to obtain an economic intervention consistent with the need to optimize the life cycle and the built-in energy, the awareness of social values and justice through the commemoration of events related to Racial Laws, and the choice of a name that recalls the commitment by the University of Pisa on the occasion of the 80th anniversary of the signing of Racial Laws in Pisa in 1938 in the presidential villa inside the Parco di San Rossore, are some of the aspects that make it one of a kind.

Esterni: prospetto su via
Nicola Pisano, dettagli

*Exteriors: elevation on Via
Nicola Pisano. Details*

A sinistra
Interni: dettaglio della
galleria al primo piano

Left
*Interiors: details of the gallery
on the first floor*

*A destra e nelle pagine
successive*
Interni: dettagli della hall
di ingresso

Right and following pages
*Interiors: details of the
entrance hall*

Interni: dettagli della hall
di ingresso

*Interiors: details of the
entrance hall*

Interni: Aula Magna
Interni: dettaglio spazi
distributivi

Interiors: Aula Magna
Interiors: retail space detail

Nico Panizzi

Fonte Mazzola
Centro polifunzionale Peccioli, Pisa
Multipurpose Building in Peccioli, Pisa

progetto architettonico/ architectural design
Heliopolis 21 Architetti Associati
progetto strutture legno/ wood structural design
Michelon Ingegneria e Architettura, Valternigo di Giovo (TN)
progetto strutture e impianti meccanici/structural design, mechanical and plumbing design Michele Gerini
committente/client
Belvedere S.p.A., Peccioli (PI)
data progetto/design date 2018
data realizzazione/ construction date 2018
foto/photos Fabrizio Sichi, Andrea Testi Fotografo

A destra in alto
Il corpo dell'ampliamento ricostruito mediante un moderno volume stechiometrico
A destra in basso e nelle pagine successive
Il prospetto est dell'edificio in cui la superficie completamente vetrata è incorniciata da lastre di grès

Top right
The body of the extension has been reconstructed, creating a stoichiometric volume
Bottom right and following pages
The east elevation of the building in which the fully glazed surface is framed by stoneware elements

Nella splendida cornice della campagna toscana, a Peccioli, lungo la direttrice che da Volterra conduce a Pisa, un edificio rurale di impianto ottocentesco, ridotto in stato di rudere, è stato ricostruito seguendo i principi del restauro contemporaneo, introducendo parallelamente le più moderne tecnologie costruttive.

L'immobile, che ospita sale per eventi, conferenze e piccoli concerti, oltre a una grande sala ristoro, è stato progettato per integrare le funzioni dell'adiacente Teatro all'aperto di Fonte Mazzola, che ormai da molti anni ospita cicli di eventi e rappresentazioni culturali, di interesse nazionale.

La volumetria del nuovo edificio, che ospita un centro culturale d'avanguardia, ha rispettato rigorosamente quella del complesso originario, distinguendo in maniera netta gli spazi corrispondenti all'impianto ottocentesco da quelli dell'ampliamento risalente ai primi anni del Novecento.

Il corpo dell'ampliamento, riconducibile a tutti gli effetti a una superfetazione successiva, è stato ricostruito realizzando un volume stechiometrico, eminentemente moderno, non fuso con la volumetria storica ma a essa affiancato. Il nuovo volume, che riprende i principi di verità e riconoscibilità cari ad Adolf Loos e i recenti interventi dello studio svizzero Diener&Diener come il Centro PAsquArt di Biel, è caratterizzato per una facciata

In the wonderful setting of the Tuscan countryside, in Peccioli, along the route that leads from Volterra to Pisa, a nineteenth-century rural building, reduced to ruins, was rebuilt following the principles of contemporary architectural conservation, introducing at the same time the most modern construction technologies.

The building, which houses rooms for events, conferences and small concerts, as well as a large dining room, was designed to integrate the functions of the adjacent open-air theater of Fonte Mazzola, which for many years now has been hosting numbers of cultural events and performances of national interest.

The volume of the new building, which houses an avant-garde cultural center, has strictly respected that of the original complex, clearly distinguishing the spaces corresponding to the nineteenth-century layout from those of the expansion dating back to the early twentieth century.

The body of the extension, which can be attributed in all respects to a subsequent superfetation, has been reconstructed creating a stoichiometric volume, eminently modern, not merged with the historical volume, but flanked by it. The new volume, which recalls the principles of truth and recognizability dear to Adolf Loos and the recent interventions of the Swiss studio Diener & Diener, as the PAsquArt Centre in Biel, is characterized by a ventilated facade covered with stoneware elements.

Esterni: dettagli

Exteriors: details

ventilata rivestita con elementi in grès.
Tutta la progettazione è stata orientata
alla creazione di un organismo a
consumo energetico zero nel rispetto
degli attuali orientamenti di politica
energetica per gli edifici recuperati e
ricostruiti.

Il complesso è stato realizzato, in soli 7
mesi, con struttura il legno Xlam e
tamponamento esterno in lana
minerale. Il cappotto esterno è stato
rasato e intonacato per la porzione che
ricostruisce l'edificio storico e rivestito in
lastre di grès di formato personalizzato
– creato su specifico disegno e
realizzato con taglio a controllo
numerico – a caratterizzare il volume
dell'ampliamento.

Lo studio su collocazione e dimensione
delle aperture, oltre a regolarizzare la
scansione storica delle facciate, è rivolto
a "incorniciare" gli episodi paesaggistici
e architettonici di eccellenza che
circondano l'edificio. Il prospetto rivolto
a est, interamente vetrato, è

The whole design was oriented towards
the creation of a "zero energy"
consumption organism in compliance
with the current energy policy guidelines
for recovered and reconstructed
buildings.

The complex was built in just seven
months, with Xlam wood structure and
external infill in mineral wool. The outer
coat has been shaved and plastered for
the portion that reconstructs the historic
building and covered with custom-sized
stoneware slabs—created on a specific
design and made with numerical control
cutting—to characterize the volume of
the extension.

The study on the location and size of the
openings, in addition to regulate the
historical scan of the facades, is aimed at
"framing" the landscape and
architectural episodes of excellence that
surround the building. The east-facing
facade entirely glazed, features a
structural facade system without
external fixing profiles in aluminium,

Interni: dettagli delle aperture studiate per regolarizzare la scansione storica delle facciate e "incorniciare" gli episodi paesaggistici e architettonici di eccellenza che circondano l'edificio

Interiors: details of the openings designed to regularize the historical scan of the facades and "frame" the landscape and architectural episodes of excellence that surround the building

caratterizzato da un sistema di facciata strutturale priva di profili di fissaggio esterni in alluminio, con fughe tra le lastre vetrate "non visibili" a giunto siliconico, ad eccezione delle due porte che permettono l'acceso al piano terreno.

All'interno gli spazi bianchi con macchie di colore primario generate dagli arredi, sono fluidi e facilmente adattabili alle esigenze specifiche degli eventi che ospiteranno.

I servizi e i collegamenti verticali trovano collocazione in un unico nucleo nel centro dell'edificio, permettendo una circolazione continua in tutti gli ambienti. Al pian terreno, sul lato est dell'edificio si trova un ampio ambiente adibito a spazio ristoro. Le altre tre sale che si sviluppano, una al piano terreno, le altre due in posizione speculare al piano superiore, sono utilizzate per eventi, conferenze e piccoli concerti.

with joints between the "not visible" glass sheets with silicone joints, except for the two doors that allow access on the ground floor.

Inside, the white spaces with splashes of primary color generated by the furnishings are fluid and easily adaptable to the specific needs of the events they will host.

The services and vertical connections are located in a single core in the center of the building, allowing continuous circulation in all environments. On the ground floor, on the east side of the building, there is a large room used as a refreshment area. The other three rooms one on the ground floor, the other two in a mirrored position on the upper floor, are used for events, conferences and small concerts.

Barbora Foerster

In un silenzio antico
Museo Guamaggiore, Cagliari

In an Ancient Silence
Guamaggiore Museum, Cagliari

progetto/design Heliopolis 21 Architetti Associati
committente/client Comune di Guamaggiore (SU)
progetto strutture/structural design Luca Demontis
data progetto/design date 2005/2007
data realizzazione/construction date 2007/2008
foto/photos Pietro Ulzega

Esterni: dettaglio del rivestimento in lamiera forata, che ricorda il rame e il bronzo, in omaggio all'importanza archeologica di Guamaggiore

Exteriors: detail of the perforated sheet metal cladding, reminiscent of copper and bronze, in homage to the archaeological importance of Guamaggiore

In un piccolo borgo agricolo al centro della piana del Campidano, Guamaggiore, non lontano da Cagliari ma dove le tipiche atmosfere mondane della Sardegna costiera più conosciuta lasciano il posto ai colori dorati dei campi di grano, gli architetti di Heliopolis 21 hanno potuto cimentarsi in un progetto di recupero a cavallo tra tradizione e modernità, in un luogo dove il suono del silenzio ancestrale dell'antica civiltà nuragica si erge protagonista.

L'edificio originario, prospiciente la via centrale del paese, di carattere residenziale, si è evoluto per successivi accorpamenti. Ad un nucleo originario, risalente con buona approssimazione alla fine dell'800, si sono succeduti alcuni ampliamenti sia sul fronte strada che sul retro. Tale disomogeneità, riscontrabile anche nei materiali, pietra, mattoni, bozze e cemento, e nei trattamenti a facciavista e intonaco, è stata preservata come segno di vitalità "storico-espressiva"; l'obiettivo principale dell'intervento è stato appunto la conservazione e la trasmissione nel tempo del manufatto, attraverso un insieme sistematico di opere che, facendo riferimento alla moderna cultura del restauro conservativo, potessero permettere la realizzazione di spazi *ad hoc* per un piccolo museo civico.

Il nuovo assetto distributivo interno, originariamente residenziale, è stato modificato per poter ospitare spazi per

In a small agricultural village in the center of the Campidano plain, Guamaggiore, not far from Cagliari but where the typical worldly atmospheres of the best known coastal Sardinia give way to the golden colors of the wheat fields, the architects of Heliopolis 21 were able to try their hand at a renovation project that is between tradition and modernity, in a place where the sound of the ancestral silence of the ancient Nuragic civilization stands out.

The original building at residential use, overlooking the Via Centrale, has evolved through successive mergers. An original nucleus, dating back, with good approximation, to the end of the 19th century, has been followed by some extensions both on the street front and on the back. This lack of homogeneity, also found in the materials, stone, bricks, drafts and concrete, and in the "facciavista" and plaster treatments, has been preserved as a sign of "historical-expressive" vitality; the main objective of the intervention was precisely the conservation and transmission over time of the artifact, through a systematic set of works that, referring to the modern culture of architectural conservation, could allow the creation of *ad hoc* spaces for a small civic museum.

The new internal distribution structure, originally residential, has been modified to accommodate exhibition spaces, offices, warehouses, a museum sales point and related services.

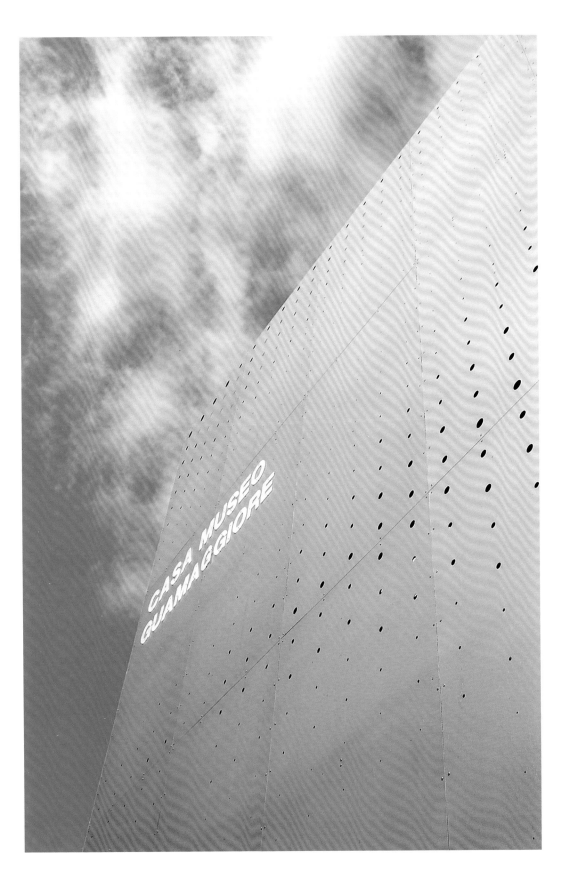

Esterni: dettagli dei prospetti in cui dialogano pietra a vista, intonaco bianco e lamiera metallica forata rossa

Exteriors: details of the facades in which exposed stone, white plaster and red perforated metal sheet interact

esposizioni, uffici, magazzini, un punto vendita museale e servizi connessi.

Le opere di consolidamento statico, necessarie alla stabilità dell'edificio, nonché le opere di consolidamento e recupero fisico delle componenti architettoniche e decorative culturalmente significative, sono state effettuate mediante l'utilizzo di tecniche conservative e non sostitutive, compatibilmente con gli obiettivi di conservazione complessiva.

Il progetto in generale ha mirato alla massima flessibilità delle destinazioni d'uso così da garantire un uso "ibrido" e polifunzionale degli ambienti.

L'area esterna, opportunamente arredata e illuminata, rappresenta una prosecuzione della funzione espositiva dell'edificio e un collegamento con gli spazi pubblici adiacenti: le due chiese e il piccolo anfiteatro del paese.

Il prospetto su via Centrale, che ospita l'ingresso al pubblico, è stato infine fortemente caratterizzato da un rivestimento in lamiera forata, che ricorda il rame e il bronzo, in omaggio all'importanza archeologica di Guamaggiore. Si tratta, questo, di un "segno" individuabile da lontano che offre al visitatore un *incipit* di ciò che troverà all'arrivo: uno spazio in cui la storia dialoga, non solo visivamente ma anche "emozionalmente", con la modernità.

The static consolidation works, necessary for the stability of the building, as well as the consolidation and physical recovery works of the culturally significant architectural and decorative components, were carried out through the use of conservative and not substitute techniques, compatibly with the overall conservation objectives. The project, in general, has aimed at maximum flexibility of the intended uses so as to ensure a "hybrid" and multifunctional use of the spaces.

The outdoor area, suitably furnished and illuminated, represents a continuation of the building's exhibition function and a connection with the adjacent public spaces: the two churches and the small village amphitheater.

Finally, the facade on Via Centrale, which houses the entrance to the public, was strongly characterized by a perforated sheet metal cladding, reminiscent of copper and bronze, in homage to the archaeological importance of Guamaggiore. This is a "sign" to be seen from afar offering the visitor an *incipit* of what he will find upon arrival: a space in which history interacts, not only visually, but also "emotionally", with modernity.

Paolo Di Nardo

Una stanza urbana
Piazza Montanelli a Fucecchio, Firenze

An Urban Room
Montanelli Square at Fucecchio, Florence

progetto/design Heliopolis 21 Architetti Associati, ARX srl, Firenze, Sandro Saccuti
committente/client Comune di Fucecchio, Firenze
data progetto/design date 2008/2015
data realizzazione/ construction date 2015/2019

Dettaglio del "tappeto" in pietra con ricorsi in acciaio corten che svolgono sia la funzione di raccolta delle acque sia di illuminazione

Detail of the stone "carpet" with weathering steel paths that perform both the function of collecting water and lighting

Il progetto per Piazza Montanelli nasce seguendo tre elementi distinivi che lo hanno guidato dalla fase concorsuale, fino alla realizzazione: Pietra, Acqua e Natura.

La piazza, per sua natura, deve essere considerata a livello sociale come la trasposizione dell'habitat verso l'esterno, e viceversa, in un rapporto di continuità fisica e percettiva in cui la scala fisica e di rappresentazione non sono poi così importanti. Seguendo la definizione del maestro Louis Kahn per cui una piazza è come una "stanza che ha per pareti le facciate dei palazzi e per tetto il cielo" ogni aspetto del progetto, dal generale al particolare, cerca di evocare uno spazio percettivamente legato alla quotidianità e alla "normalità" del vivere.

Un modo di procedere quello dei progettisti, che non si limita, dunque, al solo disegno formale ma si approccia all'architettura nella stessa maniera in cui le si accosterebbe un filosofo desideroso di indagare come è organizzata la Terra, quali siano i meccanismi spirituali che la ordinano e cosa spinga gli uomini ad agire. La realizzazione di questa teoria sta nell'associazione di principi tra loro discordanti ma, allo stesso tempo, estremamente legati in un *unicum* condiviso a livello sociale: i materiali si alternano per differenti trattamenti superficiali, ma con un identico cromatismo composto di sfumature calde. Precedentemente la piazza si

The project for Piazza Montanelli was born following three distinctive elements that guided it from the competition phase, up to its realization: Stone, Water and Nature.

The square, by its nature, must be considered on a social level as the transposition of the habitat towards the outside, and vice versa, in a relationship of physical and perceptive continuity in which the physical scale and representation scale are not so important. Following the definition of the master Louis Kahn for whom a square is like a 'room whose walls are the facades of buildings and the roof is the sky', every aspect of the project, from the general to the particular, tries to evoke a space perceptively linked to everyday life and to the "normality" of living. A way of proceeding that of the designer, which is not limited to just formal design, but approaches architecture in the same way as a philosopher, who wishes to investigate how the Earth is organized, what are the spiritual mechanisms that order it and what drives men to act. The realization of this theory lies in the association of principles that are discordant among themselves but, at the same time, extremely linked in a *unicum* shared at social level: the materials alternate themselves for different surface treatments, but with an identical chromatism composed of warm shades. Previously, the square appeared as an expanse of asphalt without any identity,

Il dialogo fra il nuovo "la piazza" e lo storico "la statua di Giuseppe Montanelli"

The dialogue between the new "the square" and the historic "the statue of Giuseppe Montanelli"

presentava come una distesa di asfalto senza alcuna identità, utilizzata solo per scopi commerciali o per manifestazioni locali. La nuova piazza cerca invece, di incentivare la socializzazione tra i cittadini donando loro uno spazio fino a poco tempo prima assente, come luogo rappresentativo di comunità, identità e dove potersi ritrovare. Situata in un lotto irregolare per geometria e pendenze, la nuova piazza si presenta come un "tappeto" la cui tessitura di pietra viene regolata e ritmata da percorsi in acciaio corten che allo stesso tempo svolgono

used only for commercial purposes or for local events. The new square tries instead to encourage socialization among citizens by giving them a space until recently absent, as a representative place of community, identity, and where people can meet. Located in an irregular lot in terms of geometry and slopes, the new square looks like a lying stone "carpet" whose stone texture is regulated and punctuated by corten steel paths that, at the same time, perform the function of collecting water and lighting, thus animating the square

la funzione di raccolta delle acque e illuminazione, andando così ad animare la piazza con un attento gioco di luci. Sui lati della piazza, regolarizzata per forma, sono stati inseriti due filari di alberi, sotto i quali si trovano diversi luoghi di socializzazione il cui limite è definito dall'ombra degli alberi stessi. Oltre al gioco di luci e di materiali, la piazza può essere animata da un gioco d'acqua a terra attivabile a discrezione dell'Amministrazione per feste ed eventi con finalità scenografiche.

with a careful play of lights. On the sides of the square, regularized by shape, two rows of trees have been inserted, under which there are several places of socialization whose limit is defined by the shadow of the trees themselves. In addition to the play of lights and materials, the square is animated by a play of water on the ground that can be managed at the Administration's discretion for parties and events with scenic purposes.

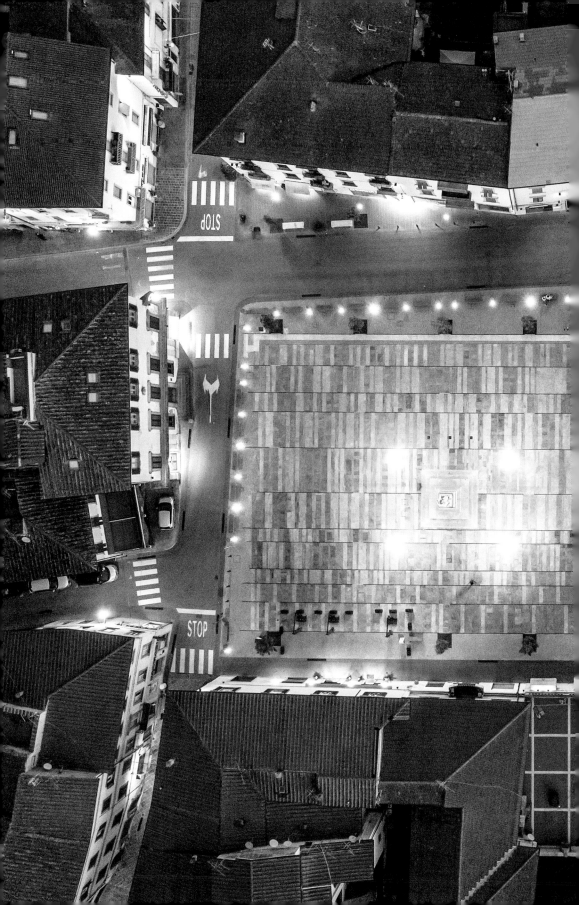

POSTFAZIONE

AFTERWORD

David Turnbull

Il paradigma di Pangloss
Lezioni dalla fine del mondo

I

Alessandro Melis arrivò a Portsmouth… come il Candido di Voltaire, in viaggio verso Venezia. A differenza di Candido, il suo viaggio non fu una deviazione inutile ma curiosamente obbligata. Né è stato involontario in alcun senso. In effetti, è stato un atto deliberato, un passo fondamentale compiuto con una determinazione che sono arrivato ad ammirare. Aveva un piano: un'operazione sotto copertura, mantenuta con meticolosa cura… in segreto, in Nuova Zelanda, Sardegna, Italia e Regno Unito, ad Auckland, Cagliari, Livorno e Portsmouth… città portuali, porti naturali, recinti marittimi appartati, protetti da mura, reali e immaginarie.

Una recente, lunga telefonata a tarda notte con Alessandro, a seguito della pubblicazione di un breve video che annunciava l'agenda curatoriale del Padiglione Italia, che sentivo necessitava di un'attenzione urgente, mi ha lasciato con la sensazione di non aver capito la sua posizione. In effetti, resto perplesso dalla sua convinzione che non ci fosse, e non ci sia, nulla di cui preoccuparsi. Riconosco i buoni motivi alla base della sua accettazione, spiegata dal suo essere "sardo" di nascita, ma diffido che questo sia strategico. So che lui sa che non tutto sta andando bene. Potrebbe cacciarsi nei guai. Non è timido. L'avatar del Padiglione Italia 2021 è un gesto di solidarietà… una dimostrazione di fiducia, un pugno chiuso.

Nel 2014, D-editore ha pubblicato a Pisa *Lezioni dalla fine del Mondo. Strategie urbane anti-zombi e per la crisi climatica*. Scritto con Emanuele Pilia, *Lezioni dalla fine del mondo*, è provocatorio, affascinato dall'orrore come alibi per l'arroganza e dalla resilienza della speranza nei passaggi più oscuri della storia umana. I disegni di Alessandro affrontano l'inevitabilità della morte: la fine del mondo, la fine della vita, umana e non umana… con umanità. Parla senza disperazione: "la catastrofe biologica è iniziata… e ha raggiunto il punto di non ritorno". Predice "la diffusione di una malattia endemica in grado di rendere la maggioranza della popolazione mondiale, ora contagiata, ostile a una minoranza immune"... Immagina "sistemi virtuosi aperti"... la speranza si scopre nell'oscura realtà della fantascienza... nella sua immaginazione distopica, la città degli zombi, il dominio dei morti viventi, è "l'ultima possibilità per l'umanità".

Il messaggio è chiaro: reinventare il futuro, reinventare il destino... o morire.

Dopo una precedente conversazione, al telefono, in studio, non ricordo... prima della "cosiddetta" pandemia, certamente... ero stato spinto a leggere l'articolo di Stephen Jay Gould e Richard Lewontin *I pennacchi di San Marco e il paradigma di Pangloss. Critica del programma adattazionista*, pubblicato negli atti della Royal Society, di Londra, nel 1979... e di conseguenza, costretto dal debito di Gould e Lewontin nei confronti di Voltaire, evidenziato nel titolo del giornale, a leggere, nel bene e nel male, *Candide, ou l'Optimisme* (1759).

Nel capitolo XXIII, Candido arriva a Portsmouth... su una nave olandese, con Martino, il suo compagno di viaggio, un olandese con pretese filosofiche. Avvicinandosi alla riva, Candido esclama, rivolgendosi a Martino e immaginando di rivolgersi anche al dottor Pangloss, suo precettore e professore di "metafisica, teologia e cosmologia" e alla sua amata, ma scomparsa cugina, Cunegonda: "Ah, Pangloss, Pangloss! Martino, Martino mio! O cara Cunegonda! Che razza di mondo è mai questo?". Una domanda importante, che se il suo precettore, il caro professore, fosse stato presente, avrebbe ottenuto la risposta entusiastica, consueta, "panglossiana", appunto: "il migliore di tutti i mondi possibili".

Martino, a bordo, assistendo alla stessa scena, risponde: "Qualcosa di molto sciocco e abominevole…".

Candido chiede: – "Conosci l'Inghilterra? Lì sono folli come in Francia?" Martino prosegue il suo ragionamento: – "È un altro tipo di follia...". Lo era. Una folla numerosa si era radunata, lungo la costa, per assistere all'esecuzione di un ammiraglio inglese, che non era riuscito a combattere valorosamente contro i francesi in una battaglia navale, in una guerra, "per pochi ettari di neve" in Canada.

– "Non ha ucciso un numero sufficiente di uomini. Ha dato battaglia a un ammiraglio francese; ed è stato dimostrato che non gli era abbastanza vicino". Ma, rispose Candido, "l'ammiraglio francese era altrettanto lontano dall'ammiraglio inglese". Martino, dotato di un'intuizione profonda, confermò: – "Non c'è dubbio; ma in questo paese si trovano bene, di tanto in tanto, ad uccidere un ammiraglio per incoraggiare gli altri".

Sconvolto, "sconcertato da ciò che ha visto e sentito", Candido "fece un patto con il comandante olandese... perché lo conducesse, senza indugio, a Venezia".

Avvicinandosi alla Laguna, dopo un insignificante viaggio, sollevato... Candido dichiarò: "Dio sia lodato!... Va tutto bene, andrà tutto bene, tutto andrà nel miglior modo possibile". Naturalmente.

II

Il 16 luglio 2017, ho lasciato Parigi presto, alle 5.00, per passare davanti al Palais-Royal e al Louvre, lungo il fiume, sotto il Pont de Bercy, intravedendo la grande Biblioteca di Perrault, la proliferazione di gru a torre dietro di essa, e poi a Orly per incontrare il sorgere del sole... per volare a Pisa... per esplorare l'entroterra di Heliopolis 21, per la prima volta. Sull'aereo ho esposto alcune preoccupazioni in ordine alfabetico. Annidate perfettamente, tra la O di ontologia, la Q di domande (questions in inglese ndr) e la P di luogo (place in inglese ndr), pianeta e poesia.

La giornata è iniziata in uno dei vertici di un triangolo, come si vede in sogno, ognuno segnato da un Battistero intitolato a San Giovanni. Si è conclusa in collina, 45 minuti a sud-est di Pisa, dove fa più fresco, per due giorni di esplorazione del paesaggio, alla ricerca dell'"affatturata", di vagabondi incantati, di fuggiaschi posseduti e di amori tragici, nella costellazione di Peccioli.

Avevo visto disegni e rendering colorati. Ho visitato il sito.

Tra il 1479 e il 1480, Benozzo Gozzoli (1420-97), sfuggito alla pestilenza che da Firenze aveva raggiunto Pisa, accettò l'incarico di dipingere una serie di affreschi su un tabernacolo a Legoli. Benozzo è stato uno degli allievi di Beato Angelico. In un commento fuori luogo, su qualcuno che non si tiene in grande considerazione, Giorgio Vasari nota nelle sue *Vite* che Benozzo faceva parte di un piccolo gruppo di allievi "lasciati indietro" dal frate, e che imitava sempre lo stile del suo maestro. Ma preoccuparmi per lo status di Gozzoli nella mente di Vasari o ragionare se fosse o meno un innovatore non era la mia preoccupazione principale quel pomeriggio. Fu certamente un pittore eccezionale: durante la sua vita fu celebrato in tutta la Toscana. Sono incuriosito dalla necessità che ha spinto la realizzazione di questa opera in esilio – volontario, sì, obbligato, per la salute della sua famiglia, sì. Tuttavia, la pestilenza era più di un problema di salute pubblica che solo i fortunati, i ricchi o gli ammanicati avrebbero potuto evitare se fossero stati fortunati, era piuttosto uno dei quattro cavalieri dell'Apocalisse, insieme alla carestia, alla guerra e alla morte. La sopravvivenza era la redenzione, un'intuizione accidentale, uno sguardo su uno stato dell'essere tra la vita e la morte, la trascendenza. Gli affreschi del tabernacolo di Legoli sono raramente elencati tra le opere più significative di Benozzo Gozzoli, ma mi sono sentito obbligato a vederli. L'altopiano, su cui è stato costruito il tabernacolo, è un luogo sacro, delimitato, intimo ma imponente. Nel 1822 fu circondato da una semplice ma bella cappella dedicata alla veggente S. Caterina da Siena, nata nel 1347 durante la "Morte Nera". All'interno di questo umile contenitore, al riparo dalla luce, i volti di Cristo, degli Angeli presenti, della Vergine Maria e dei Santi, Sebastiano, Francesco, Domenico, Giovanni Battista, Michele e di uno scettico Tommaso, guardano verso l'esterno e verso l'interno con un'intensità che non può essere descritta, ma solo sentita.

Heliopolis 21, in collaborazione con il pittore David Tremlett, risponde al tabernacolo e al suo modesto contenitore con un paradosso... un assemblaggio di pareti dipinte, precariamente assemblate, un affresco, in frammenti. Nessun messaggio, nessun messaggero. Nessun Angelo. Nessun Demone. Niente... eppure, tutto.

Di tanto in tanto le storie che sento sui luoghi che visito mi portano a valorizzare anche il più debole dei segni, o il più tenue dei suoni, come se queste tracce quasi impercettibili fossero prove verificabili e definitive che i personaggi e gli eventi descritti nelle storie sono reali. A volte lo sono, ma più spesso avrebbero potuto esserlo, ma non lo sono. Forse mi piace l'idea che questa o quella persona stesse effettivamente facendo quello che ha fatto proprio qui, accanto a me, ma in un altro tempo. Forse lo stanno ancora facendo... Gozzoli, un fantasma, che lascia segni sul terreno e nell'aria – un mimo, interpretato dagli architetti... nella disposizione coreografica di punti e piani, il passato nel presente.

Due anni dopo, nel novembre 2019, ho visitato di nuovo Peccioli, per un incontro 'a porte chiuse', del gruppo curatoriale del Padiglione Italia della Biennale di Venezia, 2020, ora 2021. In pochi mesi il coronavirus, COVID-19, avrebbe creato scompiglio nel Nord Italia e, in definitiva, in tutto il mondo. Ci siamo incontrati in una bella sala con vista panoramica, al piano nobile dell'ampliamento di un edificio rurale, un tempo abbandonato – Fonte Mazzola – e trasformato da Heliopolis 21, in luogo di incontro, in cui posso essere affrontate le urgenti problematiche che interessano il territorio.

Questo edificio eterogeneo si rivolge al paesaggio con un portale drammatico, una facciata di vetro, incorniciata con lastre di grès, posate secondo principi matematici, trovati in antiche mappe del cosmo, nei modelli periodici e aperiodici della storia della tassellatura. Le origini di questa Loggia, il casale che divenne un tempio, sono chiare... la villa come tempio, e viceversa, familiare in Toscana, Lombardia e Veneto, e localmente nel "Tempio di Minerva Medica" a Montefoscoli. Il mistero che circonda questa austera struttura neoclassica, progettata nel 1823 da un giovane architetto, Ridolfo Castinelli, per il Dott. Andrea Vaccà Berlinghieri, potrebbe non essere importante per gli architetti di Fonte Mazzola, ma so che il nome Vaccà, invocato da Lord Byron come uno dei più significativi nel campo della medicina d'avanguardia, lo è. A Pisa nei primi dell'Ottocento la rivoluzione scientifica e il romanticismo si sovrappongono produttivamente. La cerchia pisana di Byron comprendeva artisti, poeti e scienziati, tra cui gli Shelley e il suo medico personale, John William Polidori, autore de Il vampiro pubblicato nel 1819. La leggenda vuole che il Tempio fosse una loggia massonica, un luogo di incontro per una società segreta, lo spazio per la messa in scena di antichi rituali e la discussione di conoscenze esoteriche. Mi sono state raccontate storie di una stanza sotterranea, scoperta di recente, in cui l'eminente Dottore, come Victor Frankenstein di Mary Shelley, ispirato dalle ricerche di Luigi Galvani, conduceva esperimenti su cadaveri utilizzando la corrente elettrica. Duecento anni dopo, il Tempio di Heliopolis 21 a Fonte Mazzola è, appunto, un incrocio – di scienza e arte, ecologia e immaginazione – un luogo di sogni e di misteri, con radici nel passato, un luogo con uno scopo: la costruzione speculativa del "migliore di tutti i mondi possibili".

III

Da novembre 2019, l'idea che "tutto andrà bene" è diventata sempre più remota. Con la forzata solitudine del "lockdown", e di lunghe giornate trascorse nelle "stanze" virtuali, il "Requiem per gli studenti" di Giorgio Agamben, pubblicato il 23 maggio 2020, ad onorare uno stile di vita che, dopo dieci secoli di vitalità, è morto sullo "schermo spettrale" dell'aula virtuale, per me aveva senso. Un anno dopo, subendo un altro "lockdown", di fronte a restrizioni ancora più severe, in lutto per la perdita della vita civile... la vitalità dell'esperienza fisica, in presenza... che non è stata sostituita dagli incontri virtuali... rifletto sulla capacità dell'umanità di adattarsi, tornando alla difficile questione evolutiva – in particolare, ai "pennacchi di San Marco" e alla discussione di Gould e Lewontin su "Bautechnischer" e "Baupläne"... ai vincoli architettonici e alle loro conseguenze formali. Capisco l'entusiasmo di Alessandro, e il motivo per cui il "pennacchio" è diventato un punto centrale delle sue conferenze e la sua strategia curatoriale per il Padiglione Italia di Venezia, nell'affrontare il tema della resilienza. Capisco la loro obiezione al "programma adattazionista"... il "Paradigma di Pangloss". Sono particolarmente interessato alla loro osservazione conclusiva secondo cui "Si suppone che tutte le transizioni possano avvenire passo a passo sottovalutando l'importanza dei blocchi integrati di modelli di sviluppo e delle costrizioni passive della storia e dell'architettura".

Conservo una certa speranza che se i biologi evoluzionisti possono imparare dall'architettura, anche gli architetti possono imparare dalla biologia evolutiva e ho cercato un modo per esprimere la relazione tra le attività di disegno, scrittura, editoria e curatela di Alessandro e il lavoro intensamente collaborativo dello studio, tra l'inquietante provocazione della Città-Zombie e l'atmosfera rassicurante di Fonte Mazzola, incastonata nel bucolico paesaggio toscano. Le apparenze sono invariabilmente inaffidabili. Il paesaggio non è bucolico e non dovrebbe essere idealizzato. L'architettura del "Tempio" a Fonte Mazzola è sobria ma non laconica... non è in alcun modo eccessiva. Completata in sei mesi, è stata anche una risposta rapida a un bisogno urgente, realizzata con un budget limitato e una tempistica risicata. Questo è importante. Si tratta di un "utilizzo proficuo delle parti disponibili", come il pennacchio, definito da vincoli architettonici predeterminati. Vorrei fare una congettura: che il "pennacchio" fornisca un modo di pensare il lavoro di Heliopolis 21, a Peccioli e Pisa, come principio guida, per quanto paradossale possa apparire. Vorrei anche rinunciare a vedere i mezzi di espressione come problema, affermando che l'architettura nei disegni di Alessandro e negli edifici di Heliopolis 21è coinvolta in una narrativa singolare che è insieme fantascienza e realtà – che reinventa il presente, per rivendicare il futuro.

ENGLISH TEXTS

The following pages tell the story about the why and how of Heliopolis 21's projects, give the reader a vision that moves from what is not human: the environment that surrounds us, the landscape, energy, soil, things, in order to go beyond them, in an attempt to emancipate the human. Emancipate him from what or from whom? From himself. Freeing him from false needs, from symbolic differences, from everything that opposes him to nature. This transition takes place at the crossroads between the history of what has been and the innovation that will be, between ancestral references and renovations of constructive morphology.

Man is not alone; he lives in a continuous relationship with the other, with what animates reality and with the inanimate. It is, therefore, not necessary to design a space for the human, but to build a dimension of being, tracing an evolution of the human condition. The Memory Pole San Rossore SR1938, commissioned by the University of Pisa, the Fonte Mazzola Multipurpose Building in Peccioli, Stella Maris Children's Neuropsychiatry Hospital, are signs that aim to bring us back to the *nomos* of the earth, because they give balance, smooth contradictions, because they unite by inventing new spaces in accordance with the Community.

In this way, Architecture becomes a connective tissue, capable of imitating nature, as in the New School Complex in Caraglio or in the Riva del Garda Exhibition Center; it becomes a cognitive process, open to knowledge, able to adjust the existing to host the posthuman, which becomes the whole: no longer the man who dominates and destroys. It becomes the architecture of care and respect: a community architecture, where everything and everyone are mirrored and find each other. It is a dynamic process of continuous knowledge, of learning, between past and future, which rejoin man with the complexity and pervasiveness of the environment that surrounds him. It is openness and hybridization to what lies beyond man, be they natural or artificial ecosystems.

The illustrated projects and the essays exhibited in the book tell of an overlap between old and new, between natural, artificial and technological. It is as if architecture distanced itself from evolutionary theory and concentrated on the error: the evolution of the species on earth is in fact also the story of many errors that can be corrected, mitigated and overcome thanks to research that knows how to become a modifying force. Making Architecture thus assumes an ethical thrust, suited to remedying the error, experimenting with the technological artefact to reconnect with nature. It is a propulsion that wants to break with the past. It is, therefore, not a question of restoring a lost paradise, but of finding a new one, still unknown. It is not a question of relying on passivity, waiting for the natural world to reclaim the subtracted, but of building on antinomies, to create new closeness and communion, animating the community.

These changes, in registering the becoming, generate astonishment in those who are spectators. The ability of visionaries, such as the designers of Heliopolis 21, is not to retreat and rest their gaze, nor to limit themselves to seeing what is perceived, but to imagine what it can be.
Michela Passalacqua
Università di Pisa, Prorettrice agli affari giuridici

Every good administrator aspires to be recognized as such, for having actively contributed to the wellbeing of their community, to its economic, cultural and social growth.

Every good administrator who has the tools to fulfil their function in this way, involves the most capable professionals, the most interesting minds because it is through these professionals, these minds, that the purpose of good administration is realized.

Heliopolis 21's interventions show that this synergy between professionalism and public administration, but also the private sector, can produce "good architecture" for the development of the territory: university buildings, cultural centers, squares as places of aggregation and revitalization, are just some of the fields in which the H21 studio has offered points of interest and comparison

In the Municipality of Peccioli, the architects of the H21 studio have carried out some interventions which have been characterized by quality and respect for the pre-existing structures without renouncing to insert elements of innovation for the sake of making an architecture not only "new" but also precisely "innovative."

Along the route that leads from Volterra to Pisa, a nineteenth-century rural building, reduced to a state of ruin, was rebuilt following the principles of contemporary architectural conservation, introducing at the same time the most modern construction technologies. From these pre-existing buildings the new cultural center of Fonte Mazzola was born to host rooms for events, conferences and small concerts, as well as a large dining room. The building was designed to integrate the functions of the adjacent open-air Theater of Fonte Mazzola, which, for many years, has hosted a number of events and cultural representations of national interest.

In the project of the Pedestrian Connection from the Historic Center to the Public Service Areas along Viale Gramsci, the H21 studio has instead ventured into the work of reconnecting the city center and the periphery which is a crucial issue for the development of many urban centers. In dealing with such a crucial issue, H21 has shown great sensitivity, aware that it is necessary not only to possess the technical tools to propose appropriate solutions, but also, and above all, be able to foresee their impact on future generations by modifying and improving the quality of life of the inhabitants through a positive regeneration of the urban fabric.

The public administrator that is confronted with this language, the language of architecture, cannot fail to assess its usefulness in relation to the ability to identify solutions and tools to improve the quality of life of its citizens.

The H21 studio has shown, in the experiences on our territory, that it has understood this important and I would say fundamental "social" role of the architect.
Renzo Macelloni
Sindaco Comune di Peccioli (PI)

Introduction
Maria Perbellini
Christian Pongratz

In reviewing the oeuvre of Heliopolis 21 founded by the two Melis brothers, Alessandro and Gian Luigi, one might suggest to describe first the conceptual framework underlying such apparently disparate breadth of interventions so that it is clear to the reader how they are all interconnected in terms of research, practice and collaborative work.

Alessandro Melis, at one point gave us their take on how they see to classify their projects: from the *operative dimension*, with the architectural practice, to the *tactic dimension*, with the urban regeneration, to *radical experimentation*, with the Practice-Based Research, to *radical drawings* and *collaborative work*. As authors and intended to create a helpful and clear sequential organization, we prefer to change the order and put the drawings at the beginning of everything, thinking of the line, which we put in first place, as an extension of ideas, radical or not, gradually learning how it relates to research or experimentation, to the tactical, to the operative one, and, where applicable, to collaborations managing to involve the social dimension and any impact to communities.

In going down this route, and in particular reflecting upon our own experience when we began to practice in New York in the 90s, at a time when architecture around us was deeply concerned about theory more so than practice, such considerations open up one important lens through which to assess design work. Looking back, the cornerstones in the landscape of critical architecture such as Koolhaas, Eisenman, Tschumi or Libeskind, and theories of language were dominant and present in them, as was, the attempt to inscribe the pressing societal and cultural shifts in their work. Yet a new experimental 'paperless studio' generation was on the horizon represented by protagonists such as Jesse Reiser and Nanako Umemoto, Asymptote's Hani Rashid and Lise Anne Couture, Greg Lynn and Stan Allen, which, in our book *Natural born CaaDesigners*[1] we have imagined as a part of the IT revolution in the architecture series. They pioneered considerations on how digital lines harnessed a new abstraction, in parts diagrammatic and in parts involved into the Deleuzian concept of matter, both projected into space by computational algorithms.

Radical Drawings
With those memories in mind, and looking through some of the Heliopolis 21 sketches, many associations come to mind and images start to form, which evoke a remembrance of the drawing, a manifestation of creative force, of the time back then in New York and we cannot help but associate the sketches' eloquent expression to the work of Lebbeus Woods.[2] An artist, and a vivid teacher at Cooper Union and beyond, Woods decided at one point to let go of architectural conventions and building constraints, and focus on theory and research in order to imagine places via utopian drawings and provocative visions. Many of his experimental models and beautiful renderings reposition architecture as a critical response to the political and socio-cultural challenges of the moment. Examples were visions that reflected on the Korean Demilitarized Zone, reorganized urban situations in Cuba with models he termed "free space" or "interconnected urban fragments" and the repositioning of people, in the divided city of Berlin, via new underground communities, the Berlin Freezones.[3]

Heliopolis 21, sees architecture at a crossroads where a radical new approach is needed to increase awareness towards the crisis of our time, eminent climate issues and an urge for strategies to build community resilience, thereby using architecture drawings, that lead to a series of projects presented in this book, as a means of communication to evoke strong emotions and sketching disconcerting realities.

Lebbeus Woods utopian visions appear to have well served the Heliopolis 21 team and in the installation of the *Cyberwall* at the 17th Venice International Architecture Exhibition 2021, large wall segments are featuring drawings by Alessandro reproduced on eco active cladding materials. Here, they suggest scenarios of post climate disasters echoing the successive exhibition sections, with imagery ranging from apocalyptic projections to manga pop art, intersecting many other forms of art: videogames, film and music. The idea worth applauding is the intention to inspire and to contaminate any renewed discussion in architecture for radical change via associative thinking, an encouraging practice rooted deep in design processes.

Radical Experimentation
The Heliopolis 21 team strategically use the opportunity of the Italian Pavilion at the 17th Venice International Architecture Exhibition 2021 and engage exhibition design through the experimental and polyphonic approaches of the creative arts and pop art as a vehicle to address a global audience in a more confrontational way. The notion of "radical" relates to opportunities for innovation as a transdisciplinary practice, which is to amplify the importance of research by highlighting the cooperation of the arts and crafts with industry as the knowledge pool urgently needed in order to empower this renewed alliance to respond to the global challenges.

The project for the 17th Venice International Architecture Exhibition 2021 in the Italian Pavilion on "resilient communities", serves as example for circular design principles in that it promotes low impact via a RE-use of most of the exhibition components from the 58th Venice International Art Exhibition 2019 curated at the time by Milovan Farronato. As an exhibition, in itself it thereby communicates in a direct form to the broader public a responsibility to act and contribute.

Some of the works on display focus on themes such as the global environmental crisis that impacts on our lives and affects everyone's health, or the intrinsic dependencies within the food energy water system, or discrepancies in access to a healthy and quality food diet, as a result of a globalized agricultural production. The curators' underlying intention to be discussed in the aftermath is the Italian city, presented as a possible model of an ideal compact and ecological city. Can it serve to promote change, propel further transdisciplinary research in addressing global climate issues, and lead to deeper reflection on natural processes and creativity as being inseparable from building community resilience?

Besides other exemplary installations, together forming a species with different offspring like *Spandrel* or *Genoma*, the morphological hybrid *Borboletta*, stands out in that the drawing and concept translates into built experimental provocation. On the way to Venice, several versions, microspecies, have been tested and exhibited, starting in Buenos Aires, Pisa, Miami and evolving into a mobile living lab for the Venice Biennale 2021, a habitat for bee spheres and slime moulds, housed in a prototype that overlays the research of several teams, from digital fabrication to sonic sensoriality. *Borboletta* can be understood as a critique of lacking societal responses to the all too evident climate disaster which impacts our biodiversity, which made Heliopolis 21 design a totem like structure, achieving both: first showcasing the symbiosis of artifact and nature, and second pointing to a possible future where the human habitats and biospheres merge into a broader responsive ecosystem.

Tactic dimension

The Heliopolis 21 suggestion and terminology of a *tactic dimension* appears to be a splendid and fertile ground for using the drawing, if approached through the generative diagram, and in particular when applied to the design of the urban fabric. Let's remember the early work of Tschumi and Koolhaas and their competition proposals for Parc de la Villette, where they strategically played partis of superposition applying layers of points, lines and fields which in turn created complex ambiguous readings and provided scenographic spaces for flexibly programmed activism and social interaction. This process perpetuated also a transformative capacity through new organizational models, which could be defined in David Mah's interpretation of associative design. He argues: "associative design enables the construction of relationships between geometry, form and organization with variables and parameters that may be utilized to construct or augment their arrangement into material assemblies."[4]

Case_Perugia / Camminare nella storia

The project for Perugia, entitled *Camminare nella storia* [Walking through History] provides a great example in the way it bridges early ideas between radical drawings into experimentation of geological strata, historical urban layers and sectional excavations which resulted in ingenious design solutions developed in collaboration with Coop Himmelb(l)au.

Tactically, the project succeeds to provide new functionality to areas of historic importance, provides access to an archeologic gallery and establishes new mobility connections which transform different levels and sections of the city into an urban space characterized by connectivity. Important to note is the visually most radical outcome of the parti, as it materializes the drawing as a provocative spatial arrangement and recalls memories of Woods projects, such as the one for the Zagreb Free Zone. The design finds its strongest urban statement in the form of the canopy like structure, that spans between the eaves of two opposing buildings and suggests to transform a public space into an urban interior room.

Case_Riva del Garda

In pursuing a broader urban transformation, the design proposals for the New Sports Hall, the performance space and the exhibition space, result of a winning competition entry, insert themselves as a tactical manoeuvre in the city fabric of Riva, at the Garda lake. Resilience in this case is envisioned to derive from multiple aspects, such as the re-use of existing buildings and a radical programming intended to energize and regenerate the larger district, known as the Trentino Baltera, an area in Northern Italy.

Stan Allen refers to geological form as an avid generator for architectural language such as crystalline forms or tectonic stacks. He argues that "geological form does not reject formal or operational complexity."[5] Heliopolis 21 in their design solution favour the faceted building forms, further exacerbated by the folded high performing envelope and metal cladding. These formal strategies are a direct response to Heliopolis 21 contextual reading and its drawings absorbing the surrounding alpine scenery consisting of mountain formations adjacent to the lake Garda.

The studio of Heliopolis 21 show a passionate interest in challenging urban infrastructure situations in several projects and they provide unique tactical solutions, where projects such as in Peccioli appear to continue the work from other areas, like the one in Perugia. In fact, the design for the new pedestrian connection from the historical centre to Viale Gramsci in Peccioli tactically serves different functions within the urban fabric and rethinks infrastructure and mobility. Starting from an original idea to connect city areas at different levels, ideas around mobility broadened the scope of the project towards including symbols of community identity and public spaces.

Some of the nodal points in the design proposal, illustrated in the drawing on page 19, expand on the technological repertoire of the studio and integrate additional layers of climate responsive design, such as photovoltaic panels, as example of a strong interest to responsive climate design strategies.

Operative dimension

Reflecting on the pathway from radical drawings to radical experimentation and to realizations, the question is which role does the drawing play in Heliopolis 21's daily work; does it respond in gradients of radical change, in particular when and how does it become operative and influence their practice?

Case_Stella Maris Hospital
In designing environments for care, such as the project for Stella Maris, many constraints driven by an Evidence-Based Design process come into play. Yet the design relies on a climate and health informed response, and considers unconventional methods to address the needs of the neuro pathologies of children and adolescents. It eventually led the Heliopolis team to support their concept of contributing to the health of children with a few central aspects, unique parts of the architecture: the building footprint, the interior surfaces and the facade. First, the drawing of the initial concept for the building footprint provides an insightful narrative and drives a human-centered design process. Taking clues from Michelangelo's drawing of the ideal proportions of the human body, a three-pronged shape delineates not only the three building volumes, but locates interior cores and courtyards, entrance and relationships between inside and outside. One of their motivations was to include public spaces, referred to as "the agora", in order to build up a framework of social resilience through first improving health with a focus on children. In addition, the integration of nature via internal green spaces and the repeated use of natural wood as cladding throughout interior wall faces provides for comfort and a child oriented tactile environment.
A series of concept drawings and technical diagrams illustrates the environmental design approach such as the climate-controlled facade, methods for life cycle assessment or a spiral brise soleil system wrapping the longitudinal building volume.

Case_SR1938 University building
In their interpretation of Stephen Gould's term of "functional co-optation" taken from evolutionary biology, or more precisely reading exaptation as an alternative to typically practiced design determinism, Heliopolis saw an opportunity to respond architecturally through forms of multiplicity in a project expanding the University Campus in Pisa with additional spaces for the Department of Biology and Humanistic Sciences. In anticipation of unforeseen changes and unpredictable re-uses of spaces, typical for an academic institution facing structural changes over time, the design responds with several innovative strategies, from dynamic space usage methods to alternative energy saving technologies including geothermic energy sources, thermal mass heat sinks, strategies for life cycle assessment, and a comprehensive planning effort towards securing an overall low environmental impact.
The project specifically emphasizes the design of spaces, commonly collocated under the umbrella term of multiuse fostering inclusivity and diversity, where internal or external "rooms" are designed to flexibly accommodate future academic program variations,

considering user changes as well as opening up spaces for the general public. In order to further reduce the carbon footprint of the building, the Heliopolis 21 team considered in a more radical approach to reduce the amount of any unnecessary material, from coatings to decorations, making deliberate aesthetical compromises a part of the design strategy.

Case_Fonte Mazzola
"Radical Adaptive Re_Use" could be the term to define the Library of Fonte Mazzola in Peccioli, emerging from a prior building ruin into a modern contemporary multi-functional community space. The location in a rural area at the settlement fringes just outside of Peccioli in Toscana, drove the Heliopolis 21 team in their design proposal towards a sensitive but smart response within a landscape dominated by a traditional building fabric. The intervention though is a double faced two building hybrids, a Jekyll and Hyde of architecture so to say, which shows its traditional face towards the city, a solemn volume erected on the prior building footprint and adopting the traditional language. Instead, a similar sized structure, though being a deliberate modern cube and clad with a facade in glass and ceramic, is attached to the backside, offering spectacular views from its meeting rooms and library towards the beautiful Tuscan landscape.
The fast-paced construction enabled by large prefab glulam panels and structures underpins the general attitude in the office towards a climate responsive architecture and resilient design approaches in most of all recent projects of the studio Heliopolis 21. Their work is characterized by a passionate dedication to research, a deliberate integration of recent advances in science and technology, a multidisciplinary collaboration with other design firms and consultants of international reputation, which they successfully combine into transformative visions and design solutions that provide meaningful contributions to communities while subscribing to an inherent social and climate responsive purpose.

[1] M. Perbellini, C. Pongratz, *Natural born, CaaDesigners* (Basel: Birkhauser, 1997).
[2] L. Woods, *Radical Reconstruction* (New York: Princeton Architectural Press, 2001).
[3] L. Woods, *War and Architecture* (New York: Princeton Architectural Press, 1997).
[4] D. Mah, "Digital Media and Material Practice", in N. Amoroso (ed.) *Representing Landscapes: Digital*, (London: Routledge, 2015).
[5] S. Allen, *Four Projects, Source Books in Architecture* (Columbus: Knowlton School of Architecture, The Ohio State University ARD Publishing, 2017).

Architectures beyond the end of the world
Carlo Prati

1.
Today, architecture (understood in its triple technical, theoretical and aesthetic essence) has lost value and social credibility and is considered one of the main causes of the

current environmental and anthropological degradation, both at urban and territorial level.

Architecture is deeply responsible for the ongoing climate crisis. in the United States, buildings consume approximately 40% of the total of energy each year; buildings emit about 50% of carbon dioxide (CO_2), the main cause of global warming, through the consumption of soil, cement production and the combustion of fossil fuels such as oil, gas and coal; carbon dioxide also retains solar energy in the atmosphere, increasing global warming and is considered the main agent of climate change.

Those described are partly the effects of a "reification"[1] of the project, seen solely as a product of the supply chain linked to the construction industry, but also as the result of a closed process of disciplinary elaboration (split between a dogmatic view of typological-functional issues and disinterest in contamination with other scientific areas). A process in which the architect, to gain credit in the eyes of the client, proposes himself as a demiurge and savior.

It is increasingly evident how the unstable dangerousness of the contemporary condition, both anthropological and social, requires the disciplines of the project to radically redefine their needs (functional, morpho-typological, technological, etc.) in the context of a relocation of the same, within a shared, transversal and proactive development and research scenario.

As architects we cannot overlook what has happened since 25 February, 2020, (the date on which the first decree of the President of the Council of Ministers containing the rules for the containment of the Covid-19 pandemic in Italy was issued). The pandemic has thrown us, both collectively and individually, into a classic dystopian scenario. There are many similarities between the condition we experience and the eschatological narrative imaginaries that we have long prefigured and that we have nourished with images or words. The result of this convergence between reality and fiction further highlights how the present moment is to be considered a watershed, a hinge, from which the old disciplinary tools will become obsolete. This is why the present time, while dramatic and cruel, is also a time of opportunity and change.

In this sense, research in the field of composition and architectural design must not focus solely on the technological and structural aspect of the building (for example, by improving its performance both from the point of view of efficiency and of optimization of the resources used), but also, in terms of process, it must know how to field creative thinking, applying and practising architectural design[2] through its various forms (collage, freehand, parametric, etc.). Creativity is exercised in order to bring out those "objects" in an unexpected way[3] which we frantically (and often uselessly) search for in a rational way. In this regard, I consider the words of Costantino Dardi to be clarifying, especially useful in helping us to outline the objectives we as architects can pursue.

Disciplinary commitment represents an essentially political choice that frees the field from mystified purposes and allows for the affirmation of the intrinsically liberating objectives of art. These are pursued . . . by building day after day, piece by piece, their critical objects as cornerstones of a different reality.[4]

This kind of commitment is able to activate a process that we could assimilate to *Niche construction*[5] of evolutionary biology, a reaction whereby an organism is able to alter its environment by adapting it to the needs of the case. In particular, the possibility of verifying the validity of this principle also in architecture is given to us by the philosophy of *Object-Oriented Ontology*, (with particular reference to the "imperative",[6] power that a specific object exerts on what surrounds it) and by the "inter-objectivity" of "hyperobjects".

The abyss that opens up before things is inter-objective. It floats in front of and "between" objects . . . Hyper-objects reveal inter-objectivity . . . all entities are interconnected in an inter-objective system . . . When an object takes shape, it is immediately entangled in a relationship with other objects.[7]

This condition also applies to architecture by transitive property, which, therefore, cannot be other than "a critical fragment of the overall historical reality that dialectically interacts with it."[8]

Therefore, a conscious and lucid acknowledgment of the historical reality within which (as architects and citizens) we move and operate, is the necessary premise of any improvement action that we intend to bring to our habitat, both anthropized and natural.

All the previous considerations, I believe, must lead us to a conscious recognition of a symbolic architectural form, capable of aggregating in itself themes and problems of evident relevance (defense/protection, distancing/proximity, etc.). In this sense, we can look simultaneously, on the one hand, at the work of individual architects (I am thinking in particular of Raimund Abraham[9] and of the Austrian Radicals) and, on the other, at certain figures and themes of construction (for example, architectures with a military function[10] and the bunkers of the Atlantic Wall[11]), to search in the wake of these experiences and prefigure possible new "places" of both contemporary and future projects.

This is why I believe that the research and professional work of the Heliopolis 21 studio, founded in 1996 in Pisa by the brothers Alessandro and Gian Luigi Melis (with Nico Panizzi), is paradigmatic and important, because it testifies to a conscious and persevering approach to interpret architecture in a dual way, as a practical and, at the same time, theoretical discipline. This is an attitude that transpires both on a large and small scale (from the urban project to the exhibition pavilion) and from which some central and specific themes emerge on which I would now like to focus attention, analyzing them through a limited number of keywords and of case studies.

2.

The architecture of Heliopolis 21 is *transdisciplinary*, *sustainable*, *multifunctional*, *visionary* and aims to build (also on an aesthetic level) a new model and concept of *community*.

Starting from this last term, Alessandro Melis' curatorial project for the Italian Pavilion at the Venice Biennale 2021 joins up: "Resilient Communities" intends to explore the possibilities offered by a transversal approach to architecture based on a hybridization of this with the biology of evolution. In particular, it explores, with this device, an alternative way of facing the design problem, no longer based on a deterministic vision (whose negative effects have been previously reported), but, rather, inspired by the concept of *exaptation*[12] (functional co-option), aimed at recognizing the adaptive qualities already operating within our communities (starting with the Italian ones). In this sense, Heliopolis 21 is already an active and operating entity within the small Tuscan town of Peccioli (about 4,600 inhabitants) located in the valley of the river Era and not far from Volterra. In this landscape, unique in the world, the studio is contributing to the construction of a new idea of community based on the principles and keywords that have emerged so far.

In the proposal developed for the new mechanized and pedestrian connection between the historic center and the outskirts of the town, the studio addresses an architectural theme of primary importance, that of the path seen as a structuring element of the city. This is a central question that Carlo Aymonino investigated at length and summarized in an essay from the Seventies.

The passage, in the modern city, from central landmarks (public structures as possible monuments of city parts) to the system of routes as ways of total representation of the urban system, cancels any homogeneous and global meaning of the city itself . . . assigning to infrastructures the role of structural elements of the plant.[13]

In this sense, the connection is configured as a new "piece of the city"[14] whose terminals towards the landscape (bell towers of biodiversity) represent, both formally and functionally, the new characterizing elements of Peccioli within the framework of the wider landscape-territorial system.

The Multipurpose Center of Fonte Mazzola is part of the same widespread system, a space intended for the entire community, inaugurated in 2018 and an integral part of an articulated program of receptive and recreational facilities surrounded by greenery (equipped park, open-air theater, etc.). The research theme in this case is sustainability in its multiplicity of meanings and tactics of a compositional approach; in the first, for the choice to intervene on the building, the operation constitutes (like others that we will see shortly), an effective example of *Upgrade Architecture*[15] carried out by adding a new functional unit (library and collective spaces) on the pre-existing; secondly, from a technological point of view,

for the choice to use only natural materials assembled dry, both in terms of the supporting structure and that of the external envelope, (for the reduction of CO_2 and the mitigation of the impact on the neighboring ecosystem).

Visionary, sustainable and multifunctional is also the project for the Parco degli Angeli and the Belvedere Amphitheatre, the concept which was developed by the Melis brothers together with Hani Rashid (Asymptote), one of the most authoritative architects in the field of digital design on a global level. It is a structure in which the Peccioli community opens up to a global dimension of interaction, and in which architecture is interpreted both as a relational device and for the efficiency and optimizsation of the natural resources already available.

In the Perugia Energy Gallery, conceived together with Coop Himmelb(l)au, the research themes of Heliopolis 21 outlined so far acquire, in adapting to a stratified context, a very peculiar value. A complex architecture, in which the building is interpreted as a unifier of pairs of opposites (soil-subsoil, past-future, sky-earth, local-global, production-consumption), all harmonized within a structural chain able to configure a new urban DNA. The building, thus, becomes the symbol of an alternative approach to the themes of regeneration.

If once the question of the inclusion of contemporary architecture in historic centers inflamed the debate between the supporters of style preservation or mimetic architecture and the promoters of a self-referential language of *archistars*, today more than ever the heart of the discussion must move from a socio-philosophical plan to an environmental and strategic plan. Relying on a more ethical aesthetic does not mean sacrificing it, but, rather, finding new forms of expression consistent with the current redevelopment needs of historic cities.[16]

An issue that is further investigated (albeit with completely different formal outcomes), as part of a recent implementation of the study, is the SR 1938 Memory Pole, the new headquarters of the University of Pisa. Built on the grounds of the ancient Guidotti pharmaceutical factory, the project is configured as an exemplary case study of Practice-Based Research, carried out on the themes of urban resilience. In particular, to facilitate the insertion of the SR1938 center in the heart of the city, it was decided to divide the building into blocks inspired by a sample of historical Pisan architecture and its medieval walls (in the proportions, alignments, footprints and rhythm of the openings); This procedure can transfer the most recurrent and distinctive urban "phenotype" to the nascent building[17] avoiding the application of unnecessary ornamental elements. This also led to the decision to collaborate with the Swiss architect Roger Diener, whose poetics stand out for a measured vision of constructional issues. In addition, the resilience of the building is also guaranteed by a self-supporting shell in reinforced concrete with a low energy impact, offering an optimal response to simic risk and (through the free plan), allowing flexibility of use and potential future adaptation to different building types.

The Riva del Garda Exhibition Center in Trentino represents an opportunity for Heliopolis 21 to deal with an ambitious large-scale intervention. Winner of the homonymous competition launched in 2006 and reaching its final version in 2017, the project consists of a plurality of receptive and playful functions (in addition to the fair, a sports hall and a concert hall), spread over a total area of four hectares. How to decline, in this broader context (both economic and programmatic), the concept of sustainability is perhaps the most significant challenge posed by Riva's sports hall. The methods adopted are twofold: on one hand, environmental design implemented through the verification and application to the project, of the LEED certification program (Silver Leed Certification), aimed at satisfying a complex system of parameters improving the surrounding environment (natural, social, cultural and physical); on the other hand, a high level of computerization of the process, achieved through the parametric use of BIM (Building Information Modelling) applied across the various levels of design (feasibility, definitive, executive). In both cases, the aim is to arrive at a form in which the community can recognize itself.

Plastic research is an identity trait of the Pisan studio's *modus operandi*, which can also be found in small-scale projects. In particular, the Exhibition Pavilion built in 2003 inside the cloister of the Pia Casa del Lavoro in Livorno, on the occasion of the exhibition dedicated to Alessandro Gherardesca, is, in the intention of the designers, a tribute to the contemporary avant-gardes.

The Pavilion, designed according to neo-expressive and deconstructed lines, is a tribute to international architecture that has in the Americans Eisenman, Moss, Mayne, in the Anglo-Iranian Hadid, in the Austrian Prix, in the Dutch Van Berkel and Bos, in the stateless Libeskind some of its prestigious masters.[18]

An expressive will, which contributes to achieving full autonomy of the "object" contained with respect to the container and its historical stratification; once the form is found, it can be duplicated, modified and used within other contexts (both disciplinary and environmental). I would particularly refer to the plastic "familiarity" (same phenotype) that exists between the Livorno Pavilion and the Galleria Vitrea in Pisa, a project that was born with specific performance purposes. It is a manifesto-architecture, whose objective is the creation of an energy envelope of considerable value and high technological content, oriented towards environmental (passive envelope, energy generation, recyclability of materials), social (Multipurpose Building) and economic (standardization, modularity and scalability of the building) sustainability.

The design idea took the form of a modular tunnel built entirely of glass with steel connections, with a predominantly linear development obtained from the concatenation of portals and pre-stressed glass-steel beams of the TVT type (*Vitree Tensegrity Beams*).[19]

The choice of using a single material, both for the vertical borders and for the supporting structure, is also adopted by Alessandro Melis (with Michael John Davis) in the proposal for the New Zealand Pavilion at the 2016 Venice Architecture Biennale; in this case, rather than the liquid transparency of glass, it is the mute monolithic presence of black wood that constitutes (by contrast) an ideal reference to the natural universe and to the traditional techniques of New Zealand rural constructions.

Concluding this synthetic review of the architectures of Heliopolis 21, the Municipal Museum of Guamaggiore in Sardinia finds its value in simplicity, seen as both an ethical and aesthetic quality. A conscious approach to the theme of reuse, oriented to the enhancement of identity heritage, must not only concern valuable cultural assets, but also can and must focus on anonymous and abandoned buildings, seen as strategic elements for the achievement of the proposed regenerative objectives.

Returning to the starting point, the contribution offered by the Melis brothers' studio is useful for opening a broader and more meaningful reflection on the role of the architect and architecture in the society in which we live. As previously highlighted, the result of a dogmatic and reified vision of the discipline has relegated it to an increasingly marginal role, depriving it of value and credibility in the eyes of public opinion and politics. We live in a state of crisis that requires, in order to overcome it, the assumption of a new point of view, a new way of interpreting and recognizing the reality that surrounds us and to which Heliopolis 21 is giving shape, through its work in architecture, in a concrete and effective way.

[1] The term is deliberately borrowed from biology, in particular the concept is treated in: S. J. Gould, *The mismeasure of man* (New York: W.W. Norton & Company Inc, 1996). On the reifications in biology and architecture see: A. Melis, *Periphery and prejudice* (Rome: Bordeaux editions, 2021). I would also like to point out the lesson by Alessandro Melis *Architectural Exaptation. Functional co-optation in Architecture* held at the Summer School 2020 of the Pescara Department of Architecture - Degree in Architecture, https://www.youtube.com/watch?v=hMMD080Oihw
[2] As a working designer, drawing for me has full architectural "autonomy" and is, therefore, architecture in itself: drawing is the idea of architecture, not the tool of a mere representation, it is the ideal place in which to think and make architecture. For further information, I refer to: C. Prati, *The design of autonomy. For a new centrality of Italian architecture* (Melfi: Casa Editrice Libria, 2018).
[3] See: G. Harman, *Object-Oriented Ontology. A New Theory of Everything* (London, Pelican Books Ltd, 2017). Regarding the application in architecture of these philosophical theories: C. Prati, *Hyper-object Suburbs* (Rome: Bordeaux editions, 2021).
[4] C. Dardi, *Semplice lineare complesso* (Rome: Editrice Magma, 1976), p. 17.
[5] "Simplifying, *Niche Construction* is a principle of evolutionary biology described by Kevin Laland that contradicts an old popular

adage (Laland et al., 2000). The reality that surrounds us, in fact, is not static, nor is it progressive. It is simply fluctuating and dominated by the elusive laws of thermodynamics." A. Melis, *Periphery and Prejudice* (Rome: Bordeaux editions, 2021), p. 9.
[6] A. Lingis, *The imperative* (Bloomington: Indiana University Press, 1998).
[7] T. Morton, *Iperoggetti* (Rome: Produzioni Nero, 2018), p. 93.
[8] C. Dardi, *Op. cit.*, 1976, p. 18.
[9] The sense of personal emptiness produced by a condition of loneliness (lockdown), simultaneously individual and collective, is the hidden symbolic meaning that I recognise in the drawing "House with Two Horizons" that Raimund Abraham created in 1973 for Kurt Kalb.
[10] C. Prati, "Roman Bunker Archeology," *EcoWebTow. Journal of Sustainable Design* no. 22/2020.
[11] See: P. Virilio, *Bunker Archeology* (New York: Princeton Architectural Press, 1994).
[12] "Reification, here, is referred to as the mental process through which we have converted into dogma the abstractions of architectural theory of the last two thousand years, at the same time marginalizing actual facts such as entropy and its impact in buildings, as a matter of philosophical disquisition." (Gould, 1996), A. Melis 2021, *Op. cit.*, pp. 9-10.
[13] C. Aymonino, "Progetto architettonico e formazione della città" *Lotus*, no. 7/1970, p. 25.
[14] See: C. Aymonino, *Il significato delle città* (Bari: Laterza, 1975).
[15] See in particular: C. Prati, *Upgrade Architecture* (Rome: Edilstampa, 2010).
[16] A. Melis, "La galleria energetica vetrata di Via Mazzini," in P. Belardi (ed.), *Camminare nella storia. Nuovi spazi pedonali per la Perugia del terzo millenio* (Perugia: Fabrizio Fabbri Editore, 2009), p. 93.
[17] "In genetics, the set of morphological and functional characteristics of an organism determined by the interaction between its genetic constitution and the environment." (extracted from the entry 'Phenotype' of the Treccani Encyclopedia). Note how transferable this concept is to architecture if considered as the result of a continuous permutation of the type-morphological relationships of its parts.
[18] A. Melis, *Alessandro Gherardesca: architetto toscano del Romanticismo (1777-1852)* exhibition design, 2003.
[19] A Melis, Technical-descriptive Report of the Project, 2014.

The Outcome of a Research Work
Angela Raffaella Bruni

"Architecture, as a research, requires an uncompromising coherence in order to be able to emancipate itself from conventional professional practice." (A. Melis)[1]

Heliopolis 21, founded In 1996, is based in Pisa, Berlin and Auckland.

The composition of the group has changed from the beginning to today, keeping within it the original nucleus made up of the two founding members: two brothers, Gian Luigi and Alessandro Melis. The history of architecture is full of architect brothers but it is rare that they worked together for many years. Two brothers who argue, who enter into dialogue with certain proposals, but who always arrive at a shared solution. The architectural proposals do not develop according to a single harmonic thread, but know pauses, second thoughts and alternative departures.

Heliopolis 21 small- and large-scale projects and the realized works testify to the studio's ability to construct buildings and to use spaces, but also to remodel buildings and building complexes, to construct open land; in other words, they are symbolic of their "architectural know how."

Heliopolis 21 has won more than twenty competitions and received numerous awards for the value and innovative nature of their projects in the field of contemporary research. The "architecture awards" are contexts of design comparison in which the exercise and the practice of comparing ideas become a factor of strengthening one's own positions and "weight" in the contemporary debate.

They thoroughly investigate the relationship between architecture and landscape, between architecture and city.

Both constructed and designed projects are always conceived as applied research (Practice-Based Research) with the aim to identify, with rigor, a methodological, technological or transdisciplinary innovation.

The social, public, collective dimension and the relevance of their works and impact for the community is of utmost concern to the architects of Heliopolis 21. The project is, for them, the result of a research work which includes forms of post-occupancy monitoring in view of future developments through rules, legislation or best practices, and integrating strategies and skills in relation to the vision of transformation that can meet the needs of the territory and society.

Their projects are at the forefront in many respects and bear witness to widespread and accurate quality. In all scales of intervention, they establish agreements between the principles of architecture and those of ecology.

Heliopolis 21, in fact, works and researches the most innovative technological solutions for respecting and protecting the environment. It proposes formal solutions that respond to functional ones. The materials used are always environmentally friendly and pollutants free. The design solutions aim at reducing the use of non-renewable material resources, in order to achieve maximum energy savings, also intended as a contribution to environmental improvement, to the reuse of natural resources and to the achievement of a good level of maintenance and durability of materials and components.

The studio boasts a conspicuous production of projects and realized works that are an example tu continue to construct buildings and design territories.

In the text that follows, only a few projects and some completed works have been chosen, emblematic of the two of the many themes of their design research: the relationship between architecture and landscape and the project of modification. Among those exemplifying the first theme are: the New School Complex in Caraglio, the Exhibition Center in Riva del Garda, the Pisa Urban Park, the Tabernacle of Santa Caterina in Legoli, the pedestrian connection in Peccioli, the Ecological Station in Cascina and the eEnergy Gallery in Pisa.

Among those exemplifying the second theme are: the House Museum in Guamaggiore, the Aula Magna and the Library of the Sant'Anna University School in Pisa, the architectural conservation and expansion of the Teatro della Misericordia in Vinci, the setting up of the Alessandro Gherardesca exhibition and the Exhibition Pavilion in the Gherardesca Complex in Livorno, and the interior in Kensington.

Relations with the Context through the Form: the Relationship between Architecture and Landscape

Nature as a Model. New School Complex in Caraglio and Exhibition Center in Riva del Garda
The projects for the new School Complex in Caraglio and the one for the Exhibition Center in Riva del Garda, in the Baltera area, constitute unitary systems in terms of layout, materials and color. Both establish formal relationships with the context through the form: on one hand the continuous roofs broken line, similar to that of the nearby mountains, on the other hand the buildings conceived as rock masses.

The project for the Caraglio School Complex, designed with XXL Project srl, as a contemporary and minimalist village, won the first prize in a two-phase design competition in 2012. The two buildings of the kindergarten, recalling the local architecture, are composed of small houses, with double pitched roofs, repeated, juxtaposed and aligned with each other.

In Riva del Garda the new and existing volumes are characterized by envelopes, faceted and folded as in origami, with extensive glazed surfaces. In the Concert Hall are a long cut on the west side on the ground floor and a large oculus on the first floor, above the sloping wall of the entrance hall. In the Palasport, a large transparent irregularly shaped mouth forms the entrance facade. Heliopolis 21 designed the new volumes and transforms the existing structures incorporating them into metal surfaces of laminate and expanded metal, diaphragms with different variations of transparency that generate significant relationships with the surroundings, transforming each building into a "communicative icon."

The Origami Figure. Pisa Urban Park and Enhancement of the Tabernacle of Santa Caterina Site in Legoli
The origami figure is recurrent in many Heliopolis 21 projects.
In the project for the Pisa Urban Park, the reading pavilion, with a wooden structure and corten covering, has the shape of a folded sheet of paper.

In the competition for the enhancement of the Tabernacle of Santa Caterina site in Legoli, adjacent to the nineteenth-century chapel containing the Tabernacle with the frescoes of Benozzo Gozzoli, Heliopolis 21 designed a pavilion in colored reinforced concrete, that has too the irregular shape of a folded plane and open to the landscape.

Broken Lines and Inclined Planes Alternate with Sinuous Shapes: Infrastructures, Ecological Stations, Energy Galleries. Pedestrian Connection in Peccioli
It is usual in projects that sinuous shapes are alternated with broken and straight lines.

The competition project for the long-elevated pedestrian infrastructure, designed to connect the historic center of Peccioli to Viale Gramsci, that are the upper and lower part of the town, presents complex shapes, generated by curves in the nodes that make up the back stretch and by broken lines in the volume, placed at the end of the transversal section, conceived as a gateway to the town.

The system comprises two parts featuring different shapes.

The first part is the long downstream infrastructure, running parallel to Viale Gramsci and characterized by the organic shape of the set of nodes. The second is the mechanized walkway with the lift, a transverse segment with towers, sloping surfaces and irregularly contoured roofs.

Through the pedestrian connection, a distinctive landmark, two levels are generated: that of the city at the bottom and that of the infrastructure at the top, supported by sculptural pillars in reinforced concrete, similar to tree trunks.

Access to the infrastructural system, the two main nodes, provide emergencies in the territory. They are characterized by polymorphic structures with shells that envelop the infrastructure as a continuous sinuous ribbon with a sinuous shape that branches out like a long extension of the underlying pillars, including viewing platforms, vertical connections, mechanized paths and ramps.

The first node, the entrance door to the whole structure, is the farthest from the center and is located near the area where the new school complex is planned, close to the business incubator built in 2005[2]: this guarantees the mechanized ascent towards the historic center and a safe crossing of the provincial road, from west to east, in anticipation of the use of the adjacent rural spaces. The second node allows the use of sports facilities: its bridge structure is designed as a small station for Ultra Pods and includes a panoramic viewpoint.

The second part of the connection system, the terminal one, consisting of the mechanized connection with the two towers, is located to the east of the historic center, between the parking lot in Viale Mazzini and Via VIII Marzo. It is conceived as an additional gateway to Peccioli, functioning at various levels, as an element of rewriting the landscape in this part of the territory, as a landmark, an identifying and recognizable element. In its overall form, it presents broken contours, folds and surfaces with broken parts. The towers, like the pre-existing medieval ones, act as a counterpoint to the horizontality of the path.

The intervention produces, both on the hilly stretch and on the flat stretch, a sculptural and iconic action determined by "chiselling and jagged and torn sections, between landscape and architecture."[3]

The entire infrastructure project is the result of a design research in which various themes related to the city and the landscape converge and on which the work of Heliopolis 21 is focused. The research was developed in collaboration with the Cluster for Sustainable Cities of the University of Portsmouth.[4] The Cluster is an interdisciplinary research center of excellence, committed to promoting strategies for resilient communities, whose primary objective is the integration of advanced technologies and architecture in a social and urban context.

The architects write in the project report:

The design challenge aims at the creation of a resilient and socially cohesive community through the connection of downstream services and activities to the historic center . . . The pedestrian and mechanized connection between the historic center of Peccioli and its widespread suburbs is an opportunity to mend the urban fabric, which contributes to social cohesion, through the versatility of the infrastructure (social sustainability), to the mitigation of greenhouse gas emissions thanks to climate responsiveness, to energy generation from renewable sources (environmental sustainability) and to the local economy through tourist attractiveness (economic sustainability).[5] Photovoltaic panels, built-in wind systems in the horizontal slabs and shelters, cushions with biological systems to shade passing elements, make the walkway a "living organism capable of self-feeding from an electrical point of view and transforming CO_2 into Oxygen."[6]

In Legoli, a hamlet of Peccioli, a village on the hill overlooking the river Era valley in the province of Pisa, "there is the most beautiful waste disposal and treatment plant in italy."[7] In 2017, David Tremlett, British painter and sculptor, master of the Neo-avant-garde, famous for his *Wall Drawings*, fills with color and geometric shapes the very long retaining walls that support the ground, under which lies the accumulation of garbage, and the three silos of the area, where takes place the process of transformation of the waste material into gas. Giant anthropomorphic statues, made by Naturaliter, are scattered on the light grey stratifications of the ground.

Alessandro Melis, curator of the Italian Pavilion at the 17th Venice International Architecture Exhibition 2021, dedicates a special section to the "Peccioli laboratory" as part of the exhibition.[8] The small Tuscan municipality has been reinvesting "for twenty years the profits from the garbage dump in research, sustainability, culture, art and architecture, technological innovation, steering the local economy in this direction."

"And it is difficult to find a small village in Italy that has rivals," he underlines, "Peccioli perfectly represents that system that we identify in the concept of resilient community: we experiment with forms of recycling and reuse that go beyond the landfill."[9]

Ecological Station in Cascina
Also linked to this aspect is one of the first projects of Heliopolis 21, that of 1996 for the Ecological Station in Cascina, an industrial area in the outskirts of Pisa.

The project received the certificate of "environmental compatibility" from the Politecnico di Milano in 1997 and was awarded in 2001 at the International competition Dedalo Minosse. The project is based on the idea of a space open to the public, in which to carry out integrated activities and, at the same time, rationalize the separate collection of municipal solid waste.

It consists of two parts: the waste collection area with a reinforced concrete ramp for car transit and the area protected by a steel shelter, under which the special waste containers are arranged. A small building for the caretaker is added.

Also in this case, the design research results in a small architecture, characterized by inclined surfaces, glass parts, where the oblique and the transparency, the full and the empty, meet each other to give life to an asymmetrical bridge structure, consisting of a roof with longitudinal development and variable section with two steel trusses, constrained to two different supports. on one hand, an element resulting from the interlocking of several volumes and on the other hand two braced steel poles.

Energy Gallery in Pisa
The relationship with the landscape is established by the absolute transparency of the Energy Gallery in Pisa, in which also the load-bearing elements are designed in glass.

The gallery is an empty space, open at the ends, in which the glass provides a continuity between inside and outside in every direction. Its axis is a broken line. This architecture is the result of a pilot project in 2014,[10] in which possible relationships between architectural form and energy efficiency were sought.

The design idea is that of a tunnel, a pavilion, for the production of renewable energy, which, thanks to its internal microclimate, can be used as a greenhouse, a winter garden, an exhibition space, and a public structure within open space in the city.

A small architecture that is sustainable from an environmental, social and economic point of view: passive envelope, energy generator, made up of recyclable materials, suitable for accommodating multiple functions and subject to standardization, modularity and scalability.

Heliopolis 21 imagined to create the building in the center of Pisa, in the area called "Cittadella", thinking of it as a "Pole of attraction and enhancement of the existing context and as a container of exhibition and didactic activities connected to the architectural emergencies."[11]

A sculptural glass object on a green horizontal plane, with an elongated shape, between the houses and a sports field, it provides energy and, at the same time, is a setting space.

58 metres long and between 12.5 and 16.5 metres wide, it is 6.5 metres high.

The shape of the glazed pavilion derives from a sequence of transformation of the parallelepiped volume: that of segmentation into three parts, that of translation, cutting and subtraction that generate a faceted envelope according to triangular surfaces, differently oriented to capture the solar radiation by means of photovoltaic panels integrated into it, and to follow the direction of the winds.

The end result is a folded configuration to form three tunnel segments with different directions. The building is composed of a succession of fifteen portals with pre-stressed glass-steel beams of the TVT type (Tensegrity Vitreous Beams), with variable inter-axis, different from each other, covered with laminated glass panels, framed and supported by a secondary metal framelinked to portals.

The panels, consisting of two glass sheets and the steel knots, are held together by pre-tensioned steel bars.

The Modification Project. Interventions on Pre-Existence

The modification project is, for Heliopolis 21, a project attentive to pre-existence. The existing is reinterpreted through the figures of juxtaposition, addition and incorporation.

Guamaggiore Museum, Cagliari
In small scale interventions on the existing, a recurring operation is the modification of the facade. For the transformation of a building into a House Museum in Guamaggiore the relationship with the town is established by the red sheet metal inserted on the main facade, at the entrance, which marks the new building as a recognizable element in the context.

The perforated sheet metal cladding highlights the volume containing the atrium and measures its height with respect to the base. The elevation is drawn from the alignment between the clad volume, the adjacent gate and the stone base. Linearity predominates in the composition of the whole.

The Aula Magna and the Library in the Historic Headquarters of the Sant'Anna University School in Pisa
Heliopolis 21's research is based on technology and on choice of materials. In the project for the architectural conservation and transformation of the Aula Magna and the Library of the historic headquarters of the Sant'Anna University School, the relationship with the existing building is preserved through the design of details, studying the lighting systems and through the choice of furnishings.

Architectural Conservation and Extension of the Teatro Della Misericordia in Vinci
The 2005 competition project for the architectural conservation and expansion of the Teatro della Misericordia and the arrangement of the square in front of the Theater in Vinci won the first prize. The extension is adjacent to the pre-existing.

Between the new part of the project and the restoration of the Teatro della Misericordia there is a considerable architectural detachment consisting of a high and narrow glass wall. The new linear and essential volume stands out for its minimalist language and for the uniformity of the wooden brise-soleil cladding material that distinguishes it from the ancient building alongside.

Exhibition Set-up and Exhibition Pavilion in the Gherardesca Complex in Livorno
In 2003, Heliopolis 21 oversaw the staging of the exhibition *Alessandro Gherardesca: Tuscan Architect of Romanticism (1777-1852)* in the Gherardesca complex in Livorno. The idea is that of:

> a monolith (in red painted plasterboard) as the nucleus of the exhibition path, laid longitudinally in the central nave of the neoclassical oratory with pilasters, columns and cornices treated in marmorino. The monolith leads to the choir where, on the altar, the complex model is exhibited.

Alessandro Melis writes in the project report:

> a pavilion, inserted in a historical environment, must be perfectly recognizable as contemporary, both in the materials and in the architectural definition, . . . conceived as a support for the best use of the monument.[12]

Inside the pavilion, the theme of "design according to Gherardesca" is dealt with, and the ink and watercolor drawings of the projects from the archives of the cities where Alessandro Gherardesca worked are exhibited.

The pavilion is similar in shape to that of the Energy Gallery in Pisa: a tunnel with an irregular configuration, bent to form three segments facing different directions. A cavity, an empty space, open at the ends, that can be traversed longitudinally and creates, according to its broken axis, an optical telescope between the entrance and the altar.

The uniformity of color and material of the walls, floor and ceiling makes the composition unitary.

Interior in Kensington
Heliopolis 21's experimental attitude on the internal space is clearly shown by the renovation of the apartment in Kensington; an open spatial solution in which the emptiness of the living room is the compositional center. The study of details and furnishings and the use of white color contribute to the unity of the space.

[1] A.Melis, "LDA.iMdA e la dimensione etica del progetto," in A.R. Bruni, *LDA.iMdA Paesaggi, Architetture, Interni* (Rome: Architetti Roma Edizioni, 2019).
[2] The Business Incubator was designed by Casati Architecture in 2005.
[3] Heliopolis 21 (ed.), *Pedestrian Connection from the Town Center*

to the Public Services Areas along Viale Gramsci, Peccioli. Technical and economic feasibility project, Technical and illustrative report, environmental pre-feasibility study, Belvedere S.p.A. Innovation – Projects – Development.
[4] Cluster for Sustainable Cities of University of Portsmouth directed by Alessandro Melis.
[5] Research Lab, Media Hub University of Portsmouth (ed.), Heliopolis 21, Cluster for Sustainable Cities of University of Portsmouth, Peccioli Pedestrian Connection Competition Layout.
[6] Ibidem.
[7] S. Xhunga, "La discarica di Peccioli oltre a essere bella produce welfare. L'esempio di un comune italiano che si fa bello grazie ai rifiuti," People for Planet, 3 June, 2019.
[8] A. Melis, "Il Padiglione Italia nel segno dell'impatto zero," AGI Agenzia Italia, 13 January, 2021.
[9] A. Melis, "Peccioli, una realtà unica Ecco perché voglio raccontarla". Melis svela alcuni contenuti: 'Difficile trovare un piccolo borgo in Italia che abbia rivali,'" La Nazione - Pisa, 13 January, 2021
[10] G. Masiello, M. Froli, A. Melis, V. Mamone, M. Giammattei (eds.), The Energy Gallery: a Pilot Project in Pisa International Conference at Glasstec (Dusseldorf, Germany, 21 22 October, 2014).
[11] A.Melis, Galleria vitrea energetica, technical and descriptive Report, 2014.
[12] A.Melis, Notes for the Gherardesca Complex Exhibition Project, 2003.

Architecture between Utopia and Innovation
Giuseppe Fallacara, Ilaria Cavaliere,
Dario Costantino

The purpose of this article is to provide a concise overview of the articulated work of Heliopolis 21, analyzing the studio's design modus operandi, the ideals and objectives it aims at and the development of its design research work.

First of all, we carried out a documentary analysis, by consulting the archive of the study, available online, then we made a critical comparison with the texts of the first official monograph[1]—edited by D Editore—regarding the graphic works produced by Heliopolis 21 and, finally, we conducted an interview addressed to the members of Heliopolis 21 to whom we posed the following questions.
– Heliopolis 21: where does this name come from and which is the reason of this choice?
– "We design environmental conscious buildings and smart cities to meet today's needs without compromising the needs of the future generations." How does this intent translate within the design process? How does it influence the relationship between architecture and environment both in formal and technological terms?
– You have dedicated the Italian Pavilion to the theme of Resilient Communities, to reflect on how to respond to the social and environmental pressure of the future. Does Heliopolis 21, as an architecture firm, also address these issues? And if so, how? Is it possible to have some examples among your projects?
– How does your approach change, especially from an ideological point of view, when you move from projects such as Camminare nella storia [Walking through History]—in which the geometries are extremely fluid and

organic—to more essential projects like the Fonte Mazzola Multipurpose Building in Peccioli?
– How do you mean the concept of "Utopia" and what are your sources of inspiration (artistic, cinematographic, literary suggestions)?
– Your drawings appear extremely visionary, and, therefore, far from the concrete approach that one would expect from an architectural firm. How are these connected to the design process? Can they be considered a form of investigation of space and its perception?

The responses received have been summarized in the following text, which we have divided into three main sections: the first one focused on the work of Heliopolis 21—considering both the philosophy of the studio and the way in which it reverberates in architectural projects—, the second one focused on the concept of Utopia and the drawings, and the third one dedicated to the work on Virtual Reality that we followed in 2020—which has a close link with the theme of communication of design suggestions.

1. Heliopolis 21
The title of a work is the maximum synthesis of the concepts expressed in it. For this reason, before proceeding with the design and scientific issues, it is appropriate to frame the Heliopolis 21 team, explaining the origin of its name: it comes from the evocative power of the City of the Sun by Tommaso Campanella, described in the homonymous philosophical work of 1604. Just as the author, inspired by Plato and Thomas More—within a strongly naturalistic philosophical vision—outlines an ideal and utopian city, in which science, love and religion are in perfect balance so the Pisan/Berlin studio, inspired in turn by Tommaso Campanella, immediately directs its resources in the search for possible technological and constructive solutions that guarantee adequate respect for environmental conditions, in order to lay the foundations for realizing its own ideal city, a city of the future that is healthier and more environmentally friendly.

Furthermore, in line with the strongly environmental vocation, the name Heliopolis—followed by the number 21, both to indicate a foundation at the turn of the century, and because the use of a number after an evocative word recalls the titles of famous works of utopian and science fiction literature—presenting within it the term "Helios", or Sun in Greek, strengthens its conceptual link with the so-called "bioclimatic architecture".

It is no coincidence that Alessandro (1969) and Gian Luigi Melis (1968) and their partners (Nico Panizzi, Ilaria Fruzzetti, Filippo Mariani and Laura Luperi) have chosen to quote the 1987 Brundtland Report on their website, as an attachment to one of the utopian scenarios drawn. Within this real manifesto, Heliopolis 21 claims to "design smart, environmentally friendly buildings and cities to meet today's needs without compromising the needs of future generations."

To succeed in this aim, over time, the studio's work has turned towards an increasingly marked radicality: if, in the early years, the design activity was mainly focused on the theme of *carbon footprint*, later the need to conceive an architecture—as H21 underlined during the interview—"intrinsically ecological" became evident and, therefore, no longer intended as an alternative to naturalness, but as part of nature itself.

This research has been developed in very different ways, leading to projects whose extreme heterogeneity and the absence of stylistic ties between them are part of the precise choice not to look for a well-defined and recognizable figurative code - a sort of "style" which makes the works identifiable—but to work through Practice-Based Research, making the architectures themselves the tools of scientific investigation—an investigation that starts from the preliminary research phase and evolves up to post-construction monitoring.

To understand this vision, it is necessary to refer to the projects. A first example is *Camminare nella storia* [*Walking through History*]. The work—not realized—of a pedestrian tunnel in the historic center of Perugia has been developed in collaboration with Coop Himmelb(l)au and consists of a particular steel and glass roof, whose complexity is not the result of purely formal research—like the one already carried out by many famous architectural firms—but it is justified by a *Form Finding* process aimed at maximizing energy and structural performance, in order to obtain a self-sufficient architectural work.

Another example is the *Polo della Memoria San Rossore 1938* project, developed for the University of Pisa and inaugurated in 2020, which presents itself as a set of regular and austere forms, totally the complete opposite to those of *Camminare nella storia*. Yet, even in this case, the themes of sustainability and applied research recur. It is, in fact, a work of redevelopment and reclamation of a former pharmaceutical plant in the city center, for which it was realized, on an experimental basis, a complex system of probes and geothermal wells that feed a series of heat pumps. In addition, this building also makes use of the principle of *Exaptation*, a further theme that emerged in the responses of the members of Heliopolis 21. In the field of biology, that of *Exaptation* is a theory developed by Stephen J. Gould and Elisabeth S. Vrba concerning the ability of living beings to reconvert structures already available, which originally had another purpose, for a new—even more important—function. If, for example, the dinosaurs had developed a light plumage due to a probable self-regulation of the temperature, the birds, which evolved from them, exploited it for flight. Applied to architecture, this principle indicates the intrinsic possibility for a building to be converted for other uses, even more effective, in the event of unforeseeable future situations.

Currently the Memory Pole has the function of a university center and also a memorial to the victims of the Holocaust—the wording "San Rossore 1938" recalls the signing of the Racial Laws, which took place in 1938 in Pisa—however the choice to use a load bearing shell, and interior spaces without dividing structures, demonstrates the openness to welcoming new functions.

Still different from the previous ones is *Borboletta*

Sonic Installation, a design work created in collaboration with MONAD Studio and Ofl, with a highly experimental character, which perfectly embodies the type of research and the themes that all the work of Heliopolis 21 focuses on. It is a sculptural installation with an organic shape, the purpose of which is to simulate the integration of different ecosystems. It contains two transparent spheres for the breeding of crickets—which, in the future, should become an integral part of a more sustainable food production—which in turn are connected to a third sphere containing water, helpful for the regulation of the humidity of the habitat, through sensors and an Arduino system. To avoid the greenhouse effect, a zero-energy shielding system has been designed: each "biosphere" is placed behind a double-glazed "window", in whose cavity mucilaginous fungi live, which have the ability to contract and expand according to the incidence of light. The word "Sonic" contained in the title of the work, however, refers to the presence of some musical instruments "embedded" in the structure, which can be played by the users themselves. This work, the result of Practice-Based Research, aims at studying the ecosystem balance between different species, human and non-human, once again reflecting on a more sustainable future.

To conclude, it can be asserted for certain that the Heliopolis 21's projects, of which the three analysed represent a small but significant sample, are evidence of an applied research that is constantly evolving, hand-in-hand with the design of "intrinsically ecological" works of architecture, giving rise to different formal outcomes, sometimes more traditional—and, in this case, the research is more focused on the use of materials or particular technologies—sometimes more extreme—justified by *Form Finding* processes.

2. Utopia, Representation and Architecture

By referring to the forms, defined as "extreme" and to the futuristic atmosphere that they manage to evoke, it is possible to introduce the concept of utopia, understood as an expression of a visionary, disconnected from the reality we know and akin to suggestions belonging to other areas that are not necessarily related to architecture. In fact, to answer the fifth question—the one focused on how Heliopolis 21 intends the concept of utopia—Heliopolis 21 explicitly mentioned the sci-fi, horror and cyberpunk cinematic universe—citing films such as *Alien*, *Prometheus* and *Interstellar*—but also of that of comics, in particular that of Japanese manga. In this case, the visions are even more distant from our traditional way of seeing, also because they belong to a culture—the oriental one—usually neglected in our history of architecture. This means that elements such as the representations of post-apocalyptic cities—a significant example can be represented by *Biomega*, by Tsutomu Nihei—or the almost symbiotic relationships between living and artificial beings—as in *Akira*, by Katsuhiro tomo—provide Western architects with new insights.

However, the cultural background of Heliopolis 21 is not bound to the pop imaginary, but is rooted in the concept of utopia belonging to the Austrian radical architects of the 1960s who, as stated by its greatest exponent Hans Hollein, based their activity on the principle "Everything is architecture", in the belief that it was necessary to break free from conventional ideologies and find new inspirations and keys to interpreting reality.

In compliance with this thought, shared by all members of the firm, utopia, therefore, becomes a tool for reinterpreting reality, identifying new ways of thinking that allow us to interpret it in an unprecedented way and to "break the mental maps" that lead us to see architecture only according to traditional canons; this too can be considered part of a research, albeit closely linked to psychology and human perception.

A research that has solid foundations in the discipline of drawing, widely exploited by the studio which, not surprisingly, has placed its signature "H21" on a vast collection of illustrations. These were born, yes, from the hand of Alessandro Melis, but—as he himself is keen to point out—are the result of moments of investigation recognized and shared by the entire team.

The drawings, many of which were collected in the aforementioned monograph to which we refer, are of various kinds: almost as if they were photographs without filters of impossible shapes and creatures and belonging to an "other" dimension. We can recognize animal forms (zoomorphism), other minerals (geomorphism), titanic insects (*Urban Insect*) up to immense buildings that seem to emerge from the collision and overlapping of tectonic plates (*Geocity IV*). There are no limits, neither spatial nor logical and this is a point of crucial importance, which is explained—through a reference to neuroscience —with the need to quickly and effectively fix the innumerable information produced by associative thinking. It is precisely through this type of investigation that unexpected insights can be obtained, new interpretations of architecture, that one can incur in *serendipity*, that is in the casual discovery of specific solutions, which, in this case, can take place starting from the unconditional act of spontaneous drawing of lines, surfaces and volumes.

From here arises what in the artistic and industrial field is defined as *Concept Art*, that is a collection of suggestions that can be drawn on at any time to obtain design inspiration. Sometimes a link between the original drawing and the final work is clearly visible—as in the case of the *Exhibition Fair* in Riva del Garda and the *Urban Insect* illustration—others, however, are less evident.

3. Virtual Reality

A compromise is always necessary in the passage from concept to realization. This can happen in forms, in materials, in light or in dimensions, and the more ambitious the work, the more difficult it will be to remain faithful to the initial idea, at least as long as we are talking about actually building it. However, as is well known, it is possible to think of a different way of building, one which allows the use of extremely complex architectures without any constraints, and that is through Virtual Reality.

To conclude this text, therefore, we want to report the experience of the writers in this area, which took place during a research path linked to an experimental thesis in Architectural Design of the Polytechnic of Bari.[2]

As reported in its official monograph, the Heliopolis 21 's drawings have been object of an operation of virtualization consisting in translating some drawings into virtual reality made accessible through Oculus. The most consistent work was done for *Biotech City II*, a worm-like cybernetic creature, which has been made completely explorable, both externally, moving in a scenario set on a virtual neighborhood of New York— exactly as in the original illustration—and in its internal spaces—in the insect/architectural belly—, where a sort of multimedia gallery has been set up.

Since this is not the right place, we have decided to leave out the technical issues related to virtualization modalities, but we still feel it is our duty to focus on how this kind of experimentation represents an extremely useful tool. Virtual Reality, in fact, in cases such as the one under analysis, offers to the architect the possibility of eliminating any gap between his idea and the one that is received by others, ensuring that it is fully exploited.

During the tests carried out, we were able to ascertain how, in a way directly proportional to the enthusiasm that has generally characterized the reactions of users, the levels of curiosity and attention have increased considerably, leading users to "move" around *Biotech City II* by exploring each ravine. This testify the value of a work which, after having gained three-dimensionality and immersive enjoyment, was able to provide new points of view and proofs of its "virtual concreteness."

[1] G. Fallacara, M. Stigliano (ed.), *Alessandro Melis. Utopic Real World – Invention Drawings* (Rome: D Editore, 2020).
[2] M.L.V. Alemanno, I. Cavaliere, D. Costantino, A. De Bellis, I. Giordano, *Architecture and virtual reality: towards the definition of innovative design methods and models*, Degree Thesis a. y. 2019-2020, coordinator prof. Giuseppe Fallacara.

Architectural Conservation
Between functional cooptation and architectural exaptation
Laura Luperi

An architectural conservation and recovery project, of a single building or of a set of them, can only be seen as an integral part of the surrounding urban fabric correlated with its historical development; intervening in a fragment of the built means acting on everything that is linked to it, as happens in the evolutionary dynamics. Over the centuries, the shape changes and evolves slowly to adapt, to welcome, to host new functions and needs, triggering an almost uncontrollable phenomenon that, sometimes, leads to the self-determination of some functions over others.

The architect's task, attempt, aspiration is to trigger with more or less extensive interventions, sometimes small and punctual, sometimes attributable to entire urban blocks, a virtuous evolution mechanism that is grafted, within the built environment of the historic city, to keep it alive.

Starting from the assumption that the design of urban settlements cannot but be among the causes of the current global environmental crisis, it is necessary to identify new tools for a reading of the future scenario and guidelines for new design choices that are more sustainable and aimed to strengthen urban resilience.

To define tools and strategies, one could try to exploit the possible analogies between evolutionary biology and architectural design, in particular considering the concept of Exaptation, extensively treated in the 1980s and 1990s by evolutionary scholar Stephen Jay Gould. This intuition, theorized by Alessandro Melis and Telmo Pievani (In press), could become a new reference in the interpretation of cities in terms of development, ecology and resilience.

Taking up and extending Darwin's concept of pre-adaptation, Gould identified the term *Exaptation*: "We speak of Exaptation in all cases in which there is a contingent co-option, for a current function, of structures used in the past for different functions or even for none function."[1]

In a scenario of functional redundancy and flexibility, it is reasonable to hypothesize "that a structure can perform functions, different from those performed in the past, and, similarly, can still change in the future."[2] In nature, one of the most fascinating examples of this process is that linked to the evolution of the functionality of bird feathers, originally used for thermal insulation and only later for flight.

Melis and Pievani highlighted how phenomena similar to the Exaptation described by Gould characterize urban development and highlight "those same characteristics of plasticity, functional opportunism, and resilience that, in biology, are subsumed in the term exaptation."[3]

The architectural conservation, recovery, redevelopment and functional co-option of the existing can, therefore, be winning strategies to explain the complexity of urban evolution and use a more sustainable, and perhaps less anthropocentric, approach to the development of cities: "Nature uses as little as possible of anything," Johannes Kepler.

In the studio's architectural conservation projects, these elements are often present; emblematic, in this sense, is the intervention in the district of Santa Maria in Pisa, the subject, since the beginning of the 2000s, of an important intervention of mending and urban redevelopment.

The project, with the aim of creating a real university campus, involved an entire block of medieval origin in which, in a disorganized manner, numerous structures of the Pisan university had already established themselves since the Sixties and Seventies.

The complex development is one of the examples of "non deterministic design as an extension of the adaptative possibilities of cities"[4] the block is, in fact, composed mostly of building artefacts, built on pre-existing structures attributable to medieval tower houses,

expanded and modified over the centuries, from the '500 to the '700, to create noble palaces, until reaching the current conformation with the nineteenth-century modifications.

The variegated and complex distribution and architectural development are linked to important functional evolutions; over the years, in fact, the buildings have housed a Salesian Convent and, under the Grand Duke Pietro Leopoldo I of Tuscany, a women's orphanage.

The studio oversaw the architectural conservation and functional recovery of some of the artefacts part of the block: the Palazzo della Carità, the Church of Santa Eufrasia and the park that connects the buildings to each other.

The entire block, which historically represented a point of reference for the social aggregation of the city, was, thus, returned to public use, addressing, in this case, the university population, but not only.

The green area, inside the block, was designed as a pedestrian urban park with a connective function also for the non-university population, helping to create an alternative route that, from Piazza del Duomo, leads to the Lungarni, through the suggestive historic spaces of the city.

The intervention on the buildings was mainly aimed at arranging and rationalizing the rooms of the Departments of Philosophy, Modern History, Medieval Studies and the Library Centre of the Campus of Philosophy and History of the University of Pisa.

The Church of Santa Eufrasia, deconsecrated for some time, has regained a social function, through the refurbishment of the library of the Antiquities departments into a large reference room.

Outside, elements and colors typical of historical Pisan architecture have been mixed with modern elements marked by the use of corten iron: the curved lines of the canopy connecting the two main buildings, the blades that identify and delimit the pedestrian paths of the urban park and the "origami" structure of the outdoor reading room.

Villa Libbiano Farmhouse, Peccioli, Pisa
Following the principle of re-functionalization, entire villages, hidden in the Tuscan countryside and completely abandoned, have been able to come back to life and attract people and activities, enhancing the surrounding landscape, without further consumption of land.

In the village called "Villa Fattoria di Libbiano" in Peccioli (PI), the recovery intervention has succeeded in giving new life, with a virtuous and implementing mechanism, to the ancient village. The typical areas of agricultural activity: manor house, granary, barn, have been reborn, following the principle of functional co-optation, mixing residential environments with hospitality environments.

To close the circle, which began at the end of the 2000s, the studio was called upon to restore the last missing fragment, and undoubtedly the most precious, kept by the village: the Church of San Paolo Apostolo, the historical fulcrum of community life.

The Nocchi Mill, Camaiore, Lucca

The same attention and respect for the past, expressed in terms of Exaptation, is found in the architectural conservation and functional recovery of the village called "Il Mulino di Nocchi" in Camaiore (LU).

The core of the village, dating back to the early 1700s, has been completely renovated and re-functionalized; the typological elements, characterizing the ancient nucleus, have been restored, destined for new functions and equipped with the most modern technologies, without losing the trace of history.

Aula Magna and the Library of the Sant'Anna University School in Pisa

In the recent redevelopment project of the Aula Magna and the Library of the Sant'Anna University School in Pisa, the studio intervened within the historic site of the university with the aim of increasing the level of recognition of the two most institutional representations, enhancing, at the same time, the architectural quality.

The complex, as proof of the exaptation that characterizes the historical evolution of densely historic urban fabrics, was originally a fourteenth century female Benedictine monastery, transformed into a school under the Grand Duke Pietro Leopoldo I of Tuscany, and only in the mid-Seventies of the twentieth century, has become the main seat of the School.

The interventions for the Aula Magna involved the construction of a modern room for directing and simultaneous translations and the design of new furniture and lighting elements, designed for maximum ergonomics and modularity, and characterized by essentiality and recognizability.

The project for the new layouts of the adjacent Library involved rationalizing the spaces and enhancing the original architectural volume of the main room, where, to replace the existing staircase, a sculptural connecting element was designed, made of steel sheet.

Pinacoteca in Collesalvetti

An opportunity to measure themselves with the theory of *functional co-optation* also appears in the construction of a Pinacoteca in Collesalvetti (LI).

In a building of little architectural significance, originally used as a functional annex to the adjacent Palazzo Romboli, exhibition spaces are created, inserting sculptural elements at the complex entrance, to express its new function of representation and its public character. The artefact, from a secondary and service space, thus ends up confronting and communicating with the main complex, taking on a completely new function and dignity.

The redesign of the outdoor spaces, now usable as a square open to the community, defines connection and continuity between the new Pinacoteca and the historic building, generating a virtuous mechanism of citizens' attraction and allowing the strengthening and development of community social connection.

Villa Gori Park in Massarosa, Lucca

Among the countless interventions of architectural conservation and urban redevelopment of complexes with enormous social value for the community, we should also mention the architectural conservation of the Church and the bell tower of Santa Maria Ausiliatrice in Marina di Pisa and the redevelopment of the park of Villa Gori in Massarosa (LU).

In Massarosa, the project moves on two parallel levels: the recovery, through a philological architectural conservation of the historic park surrounding the Art Nouveau villa called Villa Gori, and the design from scratch of the bordering green area, located about two metres below the level of the Villa.

The new built elements that characterize the urban park are made of brick curtains with the aim of making them immediately recognizable and, at the same time, establishing a dialogue with the brick details of the Villa.

These brick curtains allow to define spaces and host functions: the brick structure houses the ramp to overcome the height difference between the two green areas and the entrance to the park area that arises from the union of two long brick diaphragms.

[1] T. Pievani, "Quella volta che siamo diventati umani," *Lettera Internazionale* no. 80, 2004, http://letterainternazionale.it/testi-di-archivio/quella-volta-che-siamo-diventati-umani/.
[2] A.M. Rossi, *Adattamento e esattamento. Un dibattito incandescente*, in F. Civile, V. Danesi, A.M. Rossi, *Grazie Brontosauro. Per Stephen Jay Gould* (Pisa: Edizioni ETS, 2012).
[3] A. Melis, T. Pievani, *Exaptation as a design strategy for resilient communities*, in *Integrated Science: Transdisciplinarity Across the Different Disciplines* (Basingstoke: Springer Nature, 2020).
[4] *Ibidem.*

Mexico Projects

Antonio Lara Hernandez

Strategic Mobility and Economic Recovery Plan | San Francisco de Campeche, Mexico

2020 has been a very challenging year for many cities and communities. Restrictions on mobility and the use of public spaces caused by the pandemic and implemented by many governments worldwide, severely affected the economic and social landscape in the cities. The city of San Francisco de Campeche (Mexico) was no exception, although lockdowns in Mexico were not as severe as in Italy, the city center was fully closed for a considerable period of time due to Covid-19 restrictions. It is within this context that San Francisco de Campeche's government, through the Fundación Pablo Garcia, invited Heliopolis 21 to contribute.

The center of San Francisco de Campeche, founded in 1540 by the Spanish Crown, and covering an area of 0.51 km^2, has been declared a UNESCO World Heritage Site due to its uniqueness. Therefore, preservation and COVID-19 restrictions demanded a strategic urban design intervention, that would allow people to go back to renewed normalcy in conjunction with economic recovery, while preventing the spread of contagions.

The project advocates a strategy that moves from two pivotal elements: mobility and public spaces. To do so, it selects three main streets (8th, 10th and 12th) that concentrate a diverse range of building functions going from public and administrative sectors to commercial and cultural facilities, and with the presence of both local and regional services. The project proposes to remove the parking space thereby increasing pedestrian spaces, and providing more public space to safely walk within the city center. It introduces the use of recyclable plastic plates to allocate Maculis' trees, which is an endemic species, in order to protect walking paths mitigating the "heat island" effect. The synchronized use of open tramways along the three streets, in conjunction with public transport connection between the suburbs and the city center, provide a safer option for public transport users, benefiting more than 12,000 people, calculated on a daily basis, before Covid-19 restrictions. This proposal has been well received by the authorities and even by the public. However, due to coming elections in the state, it will be necessary not to relax the push for their implementation.

Casa & Mini 210 | Merida, Mexico

This architectural compound is located in the Northern area of Merida, Mexico, which used to be a rural area, that is currently undergoing processes of gentrification and significant urban development. The original building used to be a carpenter's workshop, in which the patio was the storage and the well was utilized as a trash deposit. The search for intimacy and solitude have been the guiding threads of this architectural intervention, dedicated to users commonly little considered although increasing, such as childless couples and solo individuals. The first floor is devoted to the house unit, having a design that enhances the relationship between the interior and the outdoor gardens. Thus, the design follows an introspective scheme, detaching from the busy surrounding urban context. The bedroom and the living area are located to the north while the kitchen and patio to the south, maximizing ventilation while reducing sun exposure through a pergola and the use of high ceilings in the kitchen. The upper terrace engages with the street while providing access to the mini apartment. The mini apartment has two mass volumes, stitched by a glass volume, indicating the main access while performing as a transitional space between the services and the studio. Both the house and the mini apartment share the patio, the upper terrace, the well (now clean and purified) and the gardens while keeping their privacy intact. The result is a building compound that advocates for densification in the area without enhancing gentrification, while promoting a minimal and inclusive lifestyle. Additionally, this project challenges the status quo of the area, having two housing units without parking on the site, thus promoting a car free city idea and a more sustainable way of living.

Afterword
The Panglossian Paradigm
Lessons from the End of the World
David Turnbull

I

Alessandro Melis arrived in Portsmouth . . . like Voltaire's Candide, on his way to Venice. Unlike Candide, his journey was not an unnecessary but oddly obligatory detour. Neither was it involuntary in any sense. Indeed, it was a deliberate act, a critical step taken with a determination that I have come to admire. He had a plan—an undercover operation, maintained with meticulous care . . . in secret, in New Zealand, Sardinia, Italy and the UK, in Auckland, Cagliari, Livorno and Portsmouth . . . port-cities, natural harbors, secluded maritime enclosures, protected by walls, real and imaginary.

A recent, protracted, late night phone call with Alessandro, about a matter of concern, raised by the release of a short video announcing the curatorial agenda of the Italian Pavilion, that I felt demanded urgent attention, left me with the feeling that I did not understand his position. Indeed, I remain perplexed by his conviction that there was, or is, nothing to worry about. I recognize the common sense of his acceptance, explained by the circumstances of his birth, as 'Sardinian', but retain the suspicion that this is strategic. I know that he knows that all is not well. He may be looking for trouble. He is not shy. The avatar of the Padiglione Italia 2021 is a gesture, of solidarity . . . a demonstration of confidence—a clenched fist.

In 2014, D-editore, in Pisa, published *Lezioni dalla fine del Mondo. Strategie urbane anti-zombi e per la crisi climatica*. Assembled in collaboration with Emmanuele Pilia, *Lessons from the End of the World*, is defiant, fascinated by horror as an alibi for hubris, and the resilience of hope in the darkest passages of human history. Alessandro's drawings confront the inevitability of death—the end of the world, the end of life, human and non-human . . . with humanity. He speaks without despair: "the biological catastrophe has begun . . . and has reached the point of no return." He predicts "the spread of an endemic disease capable of making the majority of the world population, now infected, hostile to an immune minority." He imagines, "virtuous open systems" . . . hope is discovered in the dark reality of science fiction . . . in his dystopian imagination, the zombie city, the domain of the living-dead, is "mankind's last chance."

The message is clear—reinvent the future, reimagine destiny . . . or die.

After an earlier conversation, on the phone, in the studio, I cannot remember . . . before the 'so called' pandemic, certainly . . . I had been provoked to read Stephen Jay Gould and Richard Lewontin's paper, "The Spandrels of San Marco and the Panglossian Paradigm — a Critique of the Adaptionist Programme," published in the proceedings of the Royal Society, of London, in 1979 . . . and consequently, compelled by Gould and Lewontin's debt to Voltaire, embedded in the paper's title, for better or worse, to read *Candide, ou l'Optimisme* (1759).

In Chapter XXIII, Candide arrives in Portsmouth . . . on a Dutch ship, with Martin, his traveling companion, a Dutchman with philosophical pretensions. Approaching the shore, Candide exclaims, addressing Martin, in person, his absent mentor, Doctor Pangloss, professor of "metaphysico-theologico-cosmolooneyology" and his beloved, but long lost cousin, Cunégonde: "Ah, Pangloss! Pangloss! Ah, Martin!, Martin! Ah, my dear Cunégonde, what sort of a world is this?"

An important question, that had his childhood tutor, the dear Professor been present, would have been granted the enthusiastic, habitual, 'Panglossian' response, that it was, indeed, "the best of all possible worlds."

Martin, on board, nearby, witnessing the same scene, replies: "Something very foolish and abominable . . ."

Candide asks: "You know England? Are they as foolish there as in France?"

Martin pursues his argument: "It is another kind of folly . . ."

It was. A considerable crowd had gathered, lining the coast, to witness the execution of an Admiral, an Englishman, who had failed to engage adequately with the French in a sea-battle, in a war, "over a few acres of snow" in Canada.

"He did not kill a sufficient number of men himself. He gave battle to a French Admiral; and it has been proved that he was not near enough to him." But, replied Candide, "the French Admiral was as far from the English Admiral."

Martin, gifted with a profound insight, confirmed: "There is no doubt of it; but in this country it is found good, from time to time, to kill one Admiral to encourage the others."

Shocked . . . "bewildered by what he saw and heard," Candide made "a bargain with the Dutch skipper . . . to conduct him without delay to Venice."

Approaching the Lagoon, after an unremarkable voyage, relieved . . . Candide declared: "God be praised! . . . All is well, all will be well, all goes as well as possible." Of course.

II

On July 16, 2017, I left Paris early, at 5:00 a.m., to drive past the Palais-Royal and the Louvre, along the river, under the Pont de Bercy glimpsing Perrault's big library, the proliferation of tower cranes behind it, and on to Orly to meet the sun-rise . . . to fly to Pisa . . . to explore the hinterland of Heliopolis 21, for the first time. On the plane I set out some preoccupations in alphabetical order. Nested perfectly, between O for ontology, and Q for questions, P for place, planet and poetry.

The day started at one of the vertices of a triangle, as seen in a dream, each marked by a Baptistery under the name of San Giovanni. It ended in the hills, 45 minutes south-east of Pisa, where it is cooler, for two days exploring the landscape, in search of the 'affatturata', enchanted wanderers, possessed fugitives and tragic loves, in the constellation of Peccioli.

I had seen drawings, and colored renderings. I visited the site.

Between 1479 and 1480, escaping the pestilence that had reached Pisa from Florence, Benozzo Gozzoli (1420-97) accepted a commission to paint a series of frescos on a tabernacle in Legoli. Benozzo was one of Fra Angelico's pupils. In a typically off-hand comment, about someone he does not hold in high regard, Giorgio Vasari notes in his *Lives* that Benozzo was one of a small group of pupils "left behind" by the Friar, and always imitated his master's style. But worrying about Gozzoli's status in Vasari's mind or if he was an innovator was not my primary concern that afternoon. He was certainly an exceptional painter—in his life-time he was celebrated throughout Tuscany. I am intrigued by the necessity that drove this work to be made in exile—voluntary, yes, obligatory for the health of his family, yes. However, the pestilence was more than a public health problem that the fortunate, wealthy or well connected might avoid if they were lucky, it was one of the four horsemen of the Apocalypse, along with famine, war and death. Survival was redemption, an involuntary insight, a glimpse into a state of being between life and death, transcendence. The frescos for the tabernacle in Legoli are rarely listed among Benozzo Gozzoli's most significant works but I felt compelled to see them. The plateau on which it was built, is a sacred place, bounded, intimate but commanding. In 1822 it was surrounded by a simple but beautiful chapel dedicated to the visionary Santa Caterina of Siena, who was born in 1347 during the Black Death. Inside this humble container, protected from the light, the faces of Christ, Angels in attendance, the Virgin Mary, and Saints, Sebastian, Francis, Dominic, John the Baptist, Michael and a skeptical Thomas, look outward and inward with an intensity that cannot be described, only felt.

Heliopolis 21, in collaboration with the painter, David Tremlett, respond to the tabernacle and its modest container with a paradox . . . an assemblage of painted walls, precariously assembled, a fresco, in fragments. No message, no messengers. No Angels. No Demons. Nothing . . . and yet, everything.

Occasionally the stories that I hear about the places that I visit lead me to give value to the faintest of marks, or the softest of sounds, as if these almost un-noticeable traces are verifiable, definitive evidence that the characters and the events described in the stories are real. Sometimes they are, but more often they might have been, but are not. Perhaps I just like the idea that this or that person was actually doing whatever it was that they did right here, beside me, but in another time. Maybe they are still doing it . . . Gozzoli, a ghost, making marks on the ground, and in the air—a mime, interpreted by the architects . . . in the choreographic arrangement of points and planes, the past in the present.

Two years later, in November 2019, I visited Peccioli again, for a meeting 'in camera', of the steering group for the Italian Pavilion at the Venice Biennale, 2020, now 2021. In a few months the coronavirus, Covid-19, would create havoc in Northern Italy, and ultimately, around the world. We met in a beautiful room with a panoramic view, on the 'piano nobile' of an addition to a nineteenth century farm building, that had been neglected—Fonte Mazzola, transformed by Heliopolis 21, as a meeting place, in which the urgent issues faced by the region can be addressed.

This composite building addresses the landscape with a dramatic portal, a facade of glass, framed with ceramic tile, laid according to mathematical principles, found in ancient maps of the cosmos, in periodic and aperiodic patterns in the history of tessellation. The origins of this Lodge—the farmhouse that became a temple . . . the villa as temple, and vice versa, familiar in Tuscany, Lombardy and the Veneto, and locally in the 'Tempio di Minerva Medica' in Montefoscoli, remain clear. The mystery that surrounds this austere neo-classical structure, designed in 1823 by a young architect, Ridolfo Castinelli, for Dr. Andrea Vaccà Berlinghieri, may not have been significant for the architects of Fonte Mazzola, but I know that the Vaccà name, invoked by Lord Byron as one of the most significant in the field of advanced medicine, is. In early nineteenth century Pisa the scientific revolution and romanticism overlapped productively. Byron's Pisan circle included artists, poets and scientists, among them the Shelleys and his personal physician, John William Polidori, author of The Vampyre published in 1819. Rumours suggest that the Tempio was a Masonic Lodge, a meeting place for a secret society, the setting for the enactment of ancient rituals and discussion of esoteric knowledge. I have been told stories about a recently discovered underground room in which the eminent Doctor, like Mary Shelley's Victor Frankenstein, inspired by the research of Luigi Galvani, conducted experiments on dead bodies using electrical current. Two hundred years later, Heliopolis 21's Tempio at Fonte Mazzola is, precisely, an intersection—of science and art, ecology and imagination—the locus of dreams and mysteries, with roots in the past, a place with a purpose: the speculative construction of "the best of all possible worlds."

III

Since November, 2019, the idea that "all will be well" has become increasingly remote. With the enforced solitude of the 'lockdown', and the misery of long days in virtual rooms, Giorgio Agamben's "Requiem per gli studenti", published on May 23, 2020, honoring a way of life that, after ten centuries of vitality, died on the "spectral screen"of the virtual classroom, made sense to me. One year later, enduring another 'lockdown', faced with even more severe restrictions, mourning the loss of civic life . . . the vitality of in-person, embodied experience . . . that has not been replaced by virtual encounters . . . I wonder about humanity's capacity to adapt, returning to the evolutionary predicament—specifically, the "Spandrels of San Marco" and Gould and Lewontin's discussion of "Bautechnischer" and "Baupläne". . . architectural constraints and their formal consequences. I understand Alessandro's enthusiasm, and why the spandrel has become an important focus in his lectures, and his curatorial strategy for the Padiglione Italia in Venice, addressing the theme of resilience. I understand their objection to the

"adaptationist programme" . . . the "Panglossian paradigm." I am particularly interested in their concluding remark that it "assumed that all transitions could occur step by step and underrated the importance of integrated developmental blocks and pervasive constraints of history and architecture."

I retain some hope that if evolutionary biologists can learn from architecture, architects may learn from evolutionary biology, and have been looking for a way of expressing the relationship between Alessandro's drawing, writing, curatorial and publishing activities and the intensely collaborative work of the office, between the disturbing provocation of the 'Zombie-city' and the reassuring ambience of Fonte Mazzola, nestled in a bucolic Tuscan landscape. Appearances are invariably unreliable. The landscape is not bucolic, and should not be idealized. The architecture of the Tempio at Fonte Mazzola is restrained but not laconic . . . it is not excessive in any way. Completed in six months, it was also a rapid response to an urgent need, delivered within a tight budget, on time. This is important. It is a "fruitful use of available parts," like the spandrel, defined by pre-determined architectural constraints. I would like to speculate that the "spandrel" provides a way of thinking about the work of Heliopolis 21, in Peccioli and Pisa, as a governing principle, however paradoxical this might appear. I would also like to dispense with the means of expression as an issue, by making the claim that the architecture in Alessandro's drawings and Heliopolis' buildings, is implicated in a singular narrative that is at once science fiction and fact—reimagining the present, to reclaim the future.

Crediti fotografici / Photo Credits
Tutte le immagini sono di proprietà di Heliopolis 21
Architetti Associati ad esclusione di / All images
are copyrighted by Heliopolis 21 Architetti Associati
except for:
Courtesy Archivio Storico della Biennale di Venezia,
ASAC , pp. 68-69, 73, 79
COOPHIMMELB(L)AU Wolf D. Prix & Partner ZT GmbH:
pp. 16 (in basso/bottom), 85
Eric Goldemberg / MONAD Studio: pp. 16, 77, 80-83
Alessandro Gonnelli: pp. 21, 107 (al centro/center),
111 (in basso/bottom)
Heliopolis 21 Architetti Associati e/and Arx srl: pp. 96-101
Antonio Lara Hernandez / Heliopolis 21 Architetti
Associati: pp. 60-61
Fabrizio Sichi: pp. 113 (in basso/bottom), 114-115,
117 (in alto/top), 119
Andrea Testi Fotografo: pp. 34-35, 52-57, 103-111,
125-129
Pietro Ulzega: pp. 121-123

In copertina / Cover
Fonte Mazzola
Centro polifunzionale / Multipurpose Building
Peccioli, Pisa
Photo: Fabrizio Sichi

Design
Marcello Francone

Redazione / Editing
Emanuela Chiesa

Impaginazione / Layout
Paola Ranzini Pallavicini

Traduzione / Translations
Heliopolis 21 Architetti Associati

First published in Italy in 2021 by
Skira editore S.p.A.
Palazzo Casati Stampa
via Torino 61
20123 Milano
Italy

Printed and bound in Italy. First edition

ISBN: 978-88-572-4563-8

Distributed in USA, Canada, Central
& South America by ARTBOOK | D.A.P.
75 Broad Street, Suite 630, New York,
NY 10004, USA.
Distributed elsewhere in the world by
Thames and Hudson Ltd., 181A High
Holborn, London WC1V 7QX,
United Kingdom.

Finito di stampare nel mese di ottobre 2021
a cura di Skira editore, Milano
Printed in Italy

www.skira.net